对外汉语短期培训系列教材

Application:
Intermediate Chinese
——Reading and Writing

实践汉语

——中级读写 练习册

主　编　朱志平　刘兰民
编　者　汝淑媛　舒雅丽
翻　译　李　娜

北京师范大学出版集团
BEIJING NORMAL UNIVERSITY PUBLISHING GROUP
北京师范大学出版社

目 录

第一单元　日常生活 ·· (1)
　　第一课　早睡早起身体好 ··· (1)
　　第二课　点菜 ·· (5)
　　第三课　讲价 ·· (9)
　　第四课　一位出租汽车司机 ·· (13)

第二单元　休闲娱乐 ·· (18)
　　第五课　运动的故事 ·· (18)
　　第六课　夜生活 ·· (23)
　　第七课　外来人 ·· (26)
　　第八课　我爱做饭 ·· (30)

第三单元　个人经历 ·· (35)
　　第九课　难忘的经历 ·· (35)
　　第十课　上当 ·· (38)
　　第十一课　在国外的经历 ··· (43)
　　第十二课　出洋相 ·· (46)

第四单元　人际交往 ·· (50)
　　第十三课　网络与隐私 ·· (50)
　　第十四课　礼尚往来 ·· (54)
　　第十五课　入乡随俗 ·· (58)
　　第十六课　中西文化风俗 ··· (61)

第五单元　爱情婚姻 ·· (66)
　　第十七课　一个关于爱情的心理测试 ······························· (66)
　　第十八课　理想的妻子 ·· (70)

第十九课　这个时代的爱情 …………………………………………（75）
第二十课　梁山伯与祝英台的故事 ……………………………（80）

第六单元　性格修养 ………………………………………………（85）
第二十一课　差不多先生传 ………………………………………（85）
第二十二课　小气鬼 ………………………………………………（89）
第二十三课　口头禅 ………………………………………………（93）
第二十四课　怎样才是男子汉 ……………………………………（98）

第七单元　家庭伦理 ……………………………………………（102）
第二十五课　一张忘取的汇款单 …………………………………（102）
第二十六课　母亲和女儿的信 ……………………………………（106）
第二十七课　来吃饭的是父母 ……………………………………（111）
第二十八课　丁克与丁宠 …………………………………………（114）

第八单元　社会问题 ……………………………………………（118）
第二十九课　中国大城市的新问题——汽车 ……………………（118）
第三十课　牛的母爱 ………………………………………………（122）
第三十一课　穷人的中秋节 ………………………………………（126）
第三十二课　广告和媒体 …………………………………………（130）

第一单元　日常生活

第一课　早睡早起身体好

一、根据课文内容填空

1. 不同国家的人_____也不一样。

2. 在中国，老年人觉得好的生活习惯是：_____，早饭要_____，午饭要_____，晚饭要_____。

3. 熬夜的时间长了，不但会_____，而且还会_____呢！

4. 我为了_____，今天早上睡懒觉了。

5. 我因为忍不住吃了很多饭菜，晚上肚子_____，这一天过得_____。

二、根据课文内容判断对错，请在错误的句子下面写出正确的句子

1. 中国人都认为早睡早起身体好。　　　　　　　　　　　　　　（　　）
_____

2. 每个人每天最少需要睡八个小时的觉。　　　　　　　　　　　（　　）
_____

3. 他晚上熬夜了，所以早上要睡懒觉。　　　　　　　　　　　　（　　）
_____

4. 他今天晚上没有洗澡，因为他肚子很难受，没有力气。　　　　（　　）
_____

5. 倒时差的人需要睡懒觉。　　　　　　　　　　　　　　　　　（　　）

三、在括号里填上合适的词语

洗　发　睡　忍　倒　熬

_____懒觉　　　_____时差　　　_____热水澡

_____夜　　　_____胖　　　_____不住

四、用括号里的词语完成句子

1. _____，汉字很难；_____，汉字很容易。（对……来说）
2. _____，必须睡懒觉。（对……来说）
3. 他睡觉的时间很少，每天_____。（左右）
4. 这件衣服很贵，_____。（左右）
5. 他_____，每天很早起床。（为了）
6. 我_____，每天晚上都不熬夜。（为了）
7. 我今天午饭吃得太多了，_____。（不得了）
8. 他只练习说汉语，很少练习写汉字，所以_____。（不得了）

五、阅读理解

　　小王今天有一个很重要的考试。为了准备这个考试，昨天晚上他熬夜熬到三点左右才睡觉。小王的习惯是晚上学习，一到晚上他的精神就特别好。昨天晚上他不但复习了课本上所有的内容，而且自己还学习了一点新的内容，他对今天的考试很有信心，觉得自己一定能考好。可是没想到，考试的时间太早了，早上八点正是小王最困的时候，他写着写着就忍不住睡着了。唉，真糟糕，昨天晚上白准备了。

　　内容　　nèiróng　　content

1. 小王昨天晚上为什么熬夜？
   A. 为了倒时差
   B. 因为他晚上要上班
   C. 为了准备明天的考试
   D. 因为他不想发胖

2. 小王昨天晚上几点睡觉？

   A. 三点

   B. 三点多

   C. 两点多

   D. 大概三点

3. 小王觉得他明天的考试会怎么样？

   A. 会很糟糕

   B. 会很好

   C. 不知道

   D. 会迟到

4. "白准备了"在文章中是什么意思？

   A. 考试的内容跟他准备的不一样

   B. 他准备的内容都没有考

   C. 准备的内容都没有用了

   D. 他不用准备

六、选用下面给出的词语写一段话，说一说你的生活习惯

| 熬夜 | 睡懒觉 | 不得了 | 为了 | 难受 |
| 对……来说 | 左右 | 忍不住 | 得 | 糟糕 |

七、你住在一家旅馆里，明天早上你有一个重要的事情，必须早起，但是你有睡懒觉的习惯。请你给旅馆的服务员写一张条子，请他们早上叫你起床。

_____
_____
_____
_____

八、汉字练习本

1. 请将下面的汉字拆分成两部分，每个汉字写三遍

   糟 = ☐ + ☐   糕 = ☐ + ☐

   熬 = ☐ + ☐   懒 = ☐ + ☐

   忍 = ☐ + ☐   受 = ☐ + ☐

2. 请给下面的汉字加上拼音

   也　他　包　饱　左　在

   为　办　受　爱　必　心

第二课 点 菜

一、根据课文内容填空

1. 为了_____一点儿，小张又找来了三个人和美国客人一起吃饭。
2. 小张很客气，让客人先_____。
3. 一位美国人不认识中文，小张就_____他点一道榨菜肉丝汤。
4. 中国人都非常吃惊，可是大家只好跟他一样，_____。
5. 这次晚饭，那个美国人只喝了一碗汤，小张觉得_____。

二、根据课文内容判断对错，请在错误的句子下面写出正确的句子

1. 小张因为自己不会说英语，就又找了三个人。　　　　　　　　　　（　　）
   _____

2. 因为美国人是客人，所以小张让他们先点菜。　　　　　　　　　　（　　）
   _____

3. 因为榨菜肉丝汤很便宜，所以小张建议客人点榨菜肉丝汤。　　　　（　　）
   _____

4. 点宫保鸡丁的美国人因为太饿了，所以自己端过盘子来先吃了。　　（　　）
   _____

5. 因为那个美国人坚持自己点的菜自己吃，所以只喝了一碗汤。　　　（　　）
   _____

三、在括号里填上合适的词语

点　　端　　陪　　传　　喝　　送

_____客人吃饭　　　　　　菜单_____回来了
_____菜　　　　　　　　　_____汤
_____盘子　　　　　　　　_____过来菜单

四、用括号里的词语完成句子

1. 吃完饭我们说结账，服务员很快就_____。（过来）
2. 宿舍里的洗发水没有了，服务员下午_____。（过来）
3. 今天早上我_____，可是还迟到了。（一……就……）
4. 我昨天晚上太困了，_____。（一……就……）
5. 饭馆的饺子卖完了，我们_____。（只好）
6. 今天晚上宿舍没有水，我_____。（只好）
7. 点菜时，美国人喜欢_____。（各……各……）
8. 考试的时候我们应该_____，不要看别人的。（各……各……）

五、阅读理解

　　中国人请客人吃饭时，为了礼貌，要先请客人点菜。客人常常不好意思点太贵的菜，所以，客人点完以后，主人还要再点几个菜。一般要点有当地特点的菜，还要问一问客人有没有不吃的东西。如果在北京请朋友吃饭，主人可能会点一些有北京特点的菜。

　　很多外国朋友喜欢各吃各的，但是中国人喜欢点了菜大家坐在一起吃，因为这样大家都可以吃到各种各样不同的菜，而且会觉得很热闹。吃饭的时候，主人常常会让菜。他会对客人说："这个菜，您一定喜欢，请多吃一点儿！"客人明白主人的好心，会非常高兴。

| 当地 | dāngdì | local |
| 特点 | tèdiǎn | characteristic |

1. 在客人点完菜以后，主人为什么还要再点几个菜？
   A. 主人喜欢点菜
   B. 客人不会点菜
   C. 客人不好意思点很贵的菜
   D. 主人很会点菜

2. 如果在北京请朋友吃饭，主人可能会点什么菜？
   A. 主人喜欢的菜

B. 很贵的菜

C. 大家常常吃的菜

D. 北京菜

3. 为什么中国人喜欢点了菜大家一起吃？

　　A. 因为大家都可以吃到很多不一样的菜

　　B. 因为中国的菜很多

　　C. 为了礼貌

　　D. 因为每个人喜欢的菜不一样

4. "让菜"是什么意思？

　　A. 把自己的菜给别人吃

　　B. 主人请别人多吃一点菜

　　C. 换一种菜吃

　　D. 陪别人吃菜

六、选用下面给出的词语写一段话，说一说你在饭馆吃饭的故事

一……就……　菜单　端上来　建议　然后　吃惊　大家　另

只好　最后

_____

_____

_____

_____

_____

_____

_____

七、你去饭馆吃饭,发现汤里有一只苍蝇(cāngying,fly),服务员也没有礼貌,请给饭馆的老板(boss)写一封信,告诉他这件事并说明你的感受和建议。

_____
_____
_____
_____
_____

八、汉字练习本

1. 请将下面的汉字拆分成两部分,每个汉字写三遍

陪 = □ + □   端 = □ + □

貌 = □ + □   坚 = □ + □

建 = □ + □   另 = □ + □

2. 找出下面汉字中一样的部分。想一想,以前学过的汉字中,还有没有这样的部分?

(1) 糟 糕 _____   (2) 议 谢 _____
(3) 礼 祝 _____   (4) 持 打 _____

第三课 讲 价

一、根据课文内容填空

1. 听善于讲价的人说，讲价很简单，有四条_____就够了。
2. 每个人的_____不一样，买东西的时候要想办法多说东西的_____。
3. 假如还价的时候太狠，老板的_____可能会很难看。
4. 假如老板不同意你说的价钱，你就_____走了。
5. 我不想让我的身体和精神受伤，所以我去大商场买_____的东西。

二、根据课文内容判断对错，请在错误的句子下面写出正确的句子

1. 如果你走进商店就要老板没有的东西，他会很生气。（   ）
   _____

2. 也许有的东西没有缺点，但是为了讲价，一定要多说缺点。（   ）
   _____

3. 讲价的时候老板的脸色会很难看，所以不要太狠。（   ）
   _____

4. 假如老板不请你回来，你自己回来，你还可以再和他讲价。（   ）
   _____

5. 这些办法我都没有试过，因为我不相信它们有用。（   ）
   _____

三、选择合适的词语填空

受伤　　勇气　　讲价　　难看　　折价

善于_____　　　需要_____　　　讲_____

脸色_____　　　身体_____　　　打_____

四、用括号里的词语完成句子

1. 他穿7号的衣服，我穿9号的衣服，我＿＿＿＿＿＿＿＿＿＿＿＿。（比）
2. 他身高一米七八，我身高一米六五，他＿＿＿＿＿＿＿＿＿＿＿＿。（比）
3. ＿＿＿＿＿＿＿＿＿＿＿＿＿＿＿，我今年就不能来中国了。（假如……就……）
4. 还价的时候，一定要说缺点，＿＿＿＿＿＿＿＿＿＿＿＿。（假如……就……）
5. 为了不想让身体或者精神受伤，＿＿＿＿＿＿＿＿＿＿＿＿＿。（一般来说）
6. 中国人有早睡早起的好习惯，＿＿＿＿＿＿＿＿＿＿＿＿＿＿。（一般来说）
7. 已经这么晚了，又下着雨，你＿＿＿＿＿＿＿＿＿＿＿＿。（还是……吧）
8. 你讲价没有经验，我建议你＿＿＿＿＿＿＿＿＿＿＿＿＿。（还是……吧）

五、阅读理解

最近我需要买一个皮包。听说商场的皮包正在打折，我就找了一个很善于讲价的同学，一起去了商场。

我们到了一家皮包店，门口写着"全场三折"。我算了一下，假如一个皮包原来100块，现在只要30块就可以买到了。我非常喜欢一个米黄色的皮包，标价599元。同学问老板，这个皮包有没有桔红色的。老板说没有。同学就开始和老板还价："这个包的缺点就是颜色太难看了。所以，100块吧！"老板不同意，同学拉着我就出了门。我们一出门，老板就叫我们："好吧好吧！还是卖给你们吧！"我非常开心，这个包比原来便宜多了！

1. 我找了一个什么样的同学和我一起去商场？
   A. 喜欢买东西的人
   B. 经常讲价的人
   C. 会讲价而且一般来说常常成功的人
   D. 知道那个商场的人

2. 打折后，那个米黄色的皮包应该是多少钱？
   A. 179
   B. 100
   C. 599
   D. 419

3. 同学为什么说她要桔红色的包？

　　A. 因为她想讲价

　　B. 因为她喜欢桔红色的

　　C. 因为米黄色的太难看了

　　D. 因为桔红色的打折最多

4. "我"为什么很开心？

　　A. 因为原来的价格比现在的价格高

　　B. 因为原来的价格比现在的价格低

　　C. 因为现在的价格比原来的价格高

　　D. 因为原来的价格比现在的价格便宜

六、选用下面给出的词语写一段话，说一说你对讲价的看法

　　价钱　缺点　喜好　一……就　比　商场　受伤　精神

　　_____

　　_____

　　_____

　　_____

七、你是一家商场的老板。请你写一个广告，告诉顾客你的商场正在打折，欢迎前来购买。

　　_____

　　_____

　　_____

　　_____

八、汉字练习本

1. 请在下列汉字上面加上拼音

   很　　狠　　受　　爱　　伤　　放

   脸　　验　　勇　　痛　　善　　美

2. 请将下面的汉字拆分成两部分，每个汉字写三遍

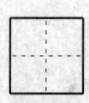

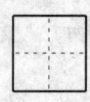

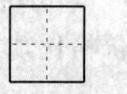

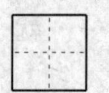

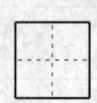

   勇 = ☐ + ☐　　　　　够 = ☐ + ☐

   板 = ☐ + ☐　　　　　假 = ☐ + ☐

   缺 = ☐ + ☐　　　　　场 = ☐ + ☐

第四课　一位出租汽车司机

一、根据课文内容填空

1. 当我告诉出租车司机我要送客人去_____再坐车回来的时候，他很高兴。
2. 他不要我_____付回去的_____。
3. 在回来的路上，我们吃了一次_____的北京早餐。
4. 他坚持要请客，因为他说_____的乘客，他从来没有遇到过。
5. 这位出租车司机让我看到了一位劳动者的_____和_____。

二、根据课文内容判断对错，请在错误的句子下面写出正确的句子

1. 我经常和出租车司机聊天，很多人都给我很深刻的印象。　　　　（　　）
   _____

2. 因为我要提前付回去的路费，所以司机很高兴。　　　　　　　　（　　）
   _____

3. 出租车司机说他想带我在城里转转，吃一次传统的北京早餐。　　（　　）
   _____

4. 他一定要请我吃早餐，因为他说他从没见过像我这么好的乘客。　（　　）
   _____

5. 他早上五点就在宾馆外面排队，他赚钱很不容易。　　　　　　　（　　）

三、选择合适的词语填空

极了　　从来没　　深　　付　　传统　　转转

_____的中国早餐　　　　印象很_____

_____钱请客　　　　　　开心_____

_____遇到过　　　　　　在城里_____

四、用括号里的词语完成句子

1. 他每天晚上都熬夜，有时候_____。（甚至）
2. 他对老师很没有礼貌，有时候_____。（甚至）
3. 在中国遇到了多年没见的老朋友，她觉得_____。（极了）
4. 他一个月病了四次，他的身体_____。（极了）
5. 学生们都很喜欢这个老师，都说："_____，我们从来没有遇到过。"（像……这么/那么……）
6. 虽然这里的人工作都很努力，但是，_____，还真是很少见。（像……这么/那么……）
7. 他没去过天安门，也_____北京。（从来没/不……）
8. 他为了不发胖，_____。（从来没/不……）

五、阅读理解

　　王师傅是一名快乐的公共汽车司机，工作二十年了，从来没有离开过他的公共汽车。每天只要坐在司机的座位上他就很开心。王师傅说他从小就喜欢汽车，一工作就当了司机，每天做着自己喜欢的工作，当然开心了。王师傅的快乐给很多乘客都留下了很深的印象，他不但开车开得好，而且对乘客也很尊重，有礼貌。假如有老人或小孩上了车，王师傅就会建议大家给他们让座。他甚至能记住乘客们上车的时候拿了什么，下车的时候没拿什么，多次帮助乘客找回了丢失的东西。乘客们都说坐公交车经常看到的是司机和售票员难看的脸色，像王师傅这样好的公交车司机他们还从来没有遇到过。

　　师傅　　　　shīfu　　　　　　a respectful form for a skilled worker
　　售票员　　　shòupiàoyuán　　conductor
　　丢失　　　　diūshī　　　　　 lost

1. 王师傅为什么每天很开心？
　　A. 因为他工作二十年了
　　B. 因为他喜欢汽车，喜欢自己的工作
　　C. 因为乘客们喜欢他
　　D. 因为他坐在司机的座位上，不是乘客

2. 为什么乘客们对王师傅的印象很深?

  A. 因为他对乘客很尊重，有礼貌

  B. 因为他很快乐

  C. 因为他开车开得很好

  D. 因为 A，B，C

3. 假如老人或孩子上了车，王师傅会怎么做?

  A. 让他们下车

  B. 让他们坐在自己旁边

  C. 建议别人站起来，让老人或孩子坐下

  D. 告诉他们车上没有座位了

4. 根据文章内容，下面几句话中哪个是不对的?

  A. 像王师傅这样的快乐公交车司机有很多

  B. 坐王师傅的车让乘客们很开心

  C. 很多公交车司机和售票员在工作的时候不快乐

  D. 王师傅经常能帮助乘客找回丢失的东西

六、选用下面给出的词语写一段话，说一说你乘坐出租车的经历

司机　　印象　　路费　　转　　甚至　　极了

从来没/不……　　赚　　深　　尊重　　像……这么

七、你下出租车的时候忘了拿包，包里有很重要的东西。请你给出租汽车公司写一封信，请他们帮你找回那个包。

_____
_____
_____
_____
_____
_____
_____

八、汉字练习本

1. 请写出下列每组汉字相同的部件

   传——转 （　　　）

   费——赚 （　　　）

   尊——付 （　　　）

   排——持 （　　　）

   级——极 （　　　）

2. 请学习下列汉字的笔顺，并抄写五遍

   赚 丨 冂 贝 贝 贝 贝 贮 贮 贮 赚 赚 赚 赚

   费 一 二 弓 弓 冉 弗 弗 费 费

   尊 丶 丷 亠 广 酋 酋 酋 酋 酋 尊 尊

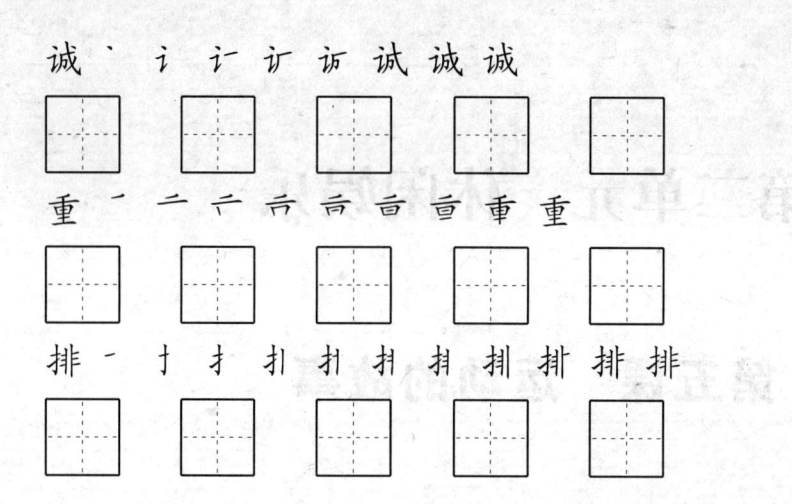

第一单元　日常生活
第四课　一位出租汽车司机

诚　丶　讠　讠　讠　讠　访　诚　诚　诚

重　一　二　亠　亓　亓　盲　盲　重　重

排　一　十　扌　扌　扌　扎　扫　排　排　排

第二单元　休闲娱乐

第五课　运动的故事

一、根据课文内容填空

1. 早上很多人在公园＿＿＿＿身体，有的＿＿＿＿，有的＿＿＿＿，还有的＿＿＿＿。

2. 年轻人一般会在下班以后或周末去＿＿＿＿＿＿运动。

3. 一年前小张的生活只有＿＿＿＿、＿＿＿＿、＿＿＿＿三件事。

4. 医生说小张只要＿＿＿＿＿＿，他的身体就会好的。

5. 经常锻炼身体可以让生活更＿＿＿＿，工作时更＿＿＿＿，心理也更＿＿＿＿。

二、根据课文内容判断对错，请在错误的句子下面写出正确的句子

1. 中国人早上都去公园锻炼身体。　　　　　　　　　　　　　（　　）
　＿＿＿＿＿＿＿＿＿＿＿＿＿＿＿＿＿＿＿＿＿＿＿＿＿＿＿＿＿＿

2. 年轻人很少睡懒觉。　　　　　　　　　　　　　　　　　　（　　）
　＿＿＿＿＿＿＿＿＿＿＿＿＿＿＿＿＿＿＿＿＿＿＿＿＿＿＿＿＿＿

3. 一年前小张常常去健身房。　　　　　　　　　　　　　　　（　　）
　＿＿＿＿＿＿＿＿＿＿＿＿＿＿＿＿＿＿＿＿＿＿＿＿＿＿＿＿＿＿

4. 一年前小张发愁是因为他吃不下饭、睡不着觉。　　　　　　（　　）
　＿＿＿＿＿＿＿＿＿＿＿＿＿＿＿＿＿＿＿＿＿＿＿＿＿＿＿＿＿＿

5. 小张去了健身房以后，身体和生活都跟以前不一样了。　　　（　　）
　＿＿＿＿＿＿＿＿＿＿＿＿＿＿＿＿＿＿＿＿＿＿＿＿＿＿＿＿＿＿

三、选择合适的词语填空

打　做　买　约　花　排

_____年卡　　　_____太极拳　　　_____队

_____朋友　　　_____健身操　　　_____时间

四、用合适的可能补语完成对话

1. A：都十二点了，你怎么还不睡觉？

   B：明天有考试，我很发愁，睡_____。

   A：快点睡吧，如果睡得太晚的话，明天早上就会起_____，考试会更糟糕的。

   B：你说得对，我还是去药店买点安眠药（ānmiányào，sleeping pill），吃了就上床去睡觉。

   A：安眠药需要医生的处方（chǔfāng，prescription），你买_____。

2. A：这个菜很好吃，再多吃一点吧！

   B：谢谢！我吃饱了，吃_____了！

   A：你别客气，假如你中午吃_____，就得饿到晚上才能吃饭了。

   B：真的吗？听你这么一说，我忍_____还想再吃一点了。

   A：吃好了吗？我们走吧！

   B：等等，我吃得太多了，站_____了，我们坐一会儿再走吧！

3. A：这件衣服太小了，我穿_____，请给我拿一件L号的，好吗？

   B：真对不起，L号的卖完了，您下个星期再来看看吧！

   A：是吗？可是我是上海人，这个周末就要离开北京。

   B：那您写一下您的地址（dìzhǐ，address），我给您寄到上海去，可以吗？

   A：那太谢谢你了，一个星期寄_____？

   B：不客气。您放心，一个星期一定寄_____。

五、用括号里的词语改写句子

1. 小张喜欢打篮球。我也喜欢打篮球。（跟A一样，B也……）

_____

2. 美国有健身房。中国也有健身房。（跟A一样，B也……）

　　_____

3. 他不出门的时候都在家里看电视。（只要……就……）

　　_____

4. 他感冒的时候都不去上课。（只要……就……）

　　_____

5. 他的病好了以后，没有喝过酒。（再也没（有）/不）

　　_____

6. 他的钱包丢了以后，不想坐公交车了。（再也没（有）/不）

　　_____

六、阅读理解

　　唉！真不明白现在年轻人的生活。

　　他们白天有精神的时候不跟周围的人多说话，晚上困了的时候不去睡觉，熬夜上网跟不认识的人聊天儿。聊天儿以后睡不着了，就去药店买安眠药。第二天睡懒觉迟到了，同事们都不高兴，他们就更觉得跟周围的人没有话说了，只想马上回家跟网友聊天儿。

　　他们锻炼身体的方式也跟我们不一样。他们不去附近的公园跑步，要坐半个小时的出租汽车去健身房跑步。到了楼下不走楼梯，要坐电梯上去，到了跑步机上才开始锻炼。他们说锻炼身体是为了出汗，可是不锻炼身体的时候，他们又非常害怕出汗，一走进房间就要开空调。他们也说锻炼身体是为了减肥，可是刚走出健身房他们就会打车去麦当劳大吃一顿。

　　方式　　fāngshì　　way
　　出汗　　chū hàn　　sweat

1. 说这段话的可能是什么人？

　　A. 年轻人

　　B. 老年人

　　C. 孩子

　　D. 女人

2. 年轻人为什么白天不多说话，晚上上网跟不认识的人聊天儿？

    A. 因为上班的时候太忙，没有时间说话

    B. 因为老板不让白天聊天儿

    C. 因为他们不喜欢跟周围的人聊天儿

    D. 因为不说话很"酷"（cool）

3. 年轻人为什么会睡懒觉？

    A. 因为他们白天没有精神

    B. 因为他们晚上熬夜

    C. 因为他们吃了安眠药

    D. B 和 C

4. 说话人为什么不明白年轻人锻炼身体的方式？

    A. 因为年轻人为了出汗锻炼身体

    B. 因为年轻人锻炼身体的目的和他们的生活习惯相反

    C. 因为他们害怕出汗，锻炼身体的时候要开空调

    D. 因为他们为了减肥锻炼身体

七、你减过肥吗？你用什么办法减肥？请用下列词语，说一说你对减肥的看法。

    锻炼   一般   只要……就……   完全   再也没/不   健身房   同事

八、你最喜欢哪种运动？请向大家介绍一下这项运动，并说明你为什么喜欢它。

_____

_____

_____

_____

_____

九、汉字练习本

1. 选择正确的汉字填空

   亮　　练　　健　　炼　　高　　建

   _____议　　　　漂_____　　　　_____习

   _____身房　　　　_____兴　　　　锻_____

2. 学习下列汉字的笔顺，每个字抄写五遍

   锻　丿 丿 仁 仨 钅 钅 钅 钅 钅 钅 钌 锻 锻

   健　丿 亻 亻 彳 彳 彳 彳 彳 律 健 健

   拳　丶 丶 丷 二 半 关 关 拳 拳 拳

   躺　丿 亻 冂 冃 自 自 身 身 身 射 躺 躺 躺 躺

   绝　乙 纟 纟 纟 纟 绐 绐 绝 绝

第六课　夜　生　活

一、根据课文内容填空

1. 白天，我们的生活都差不多，不是_____就是_____。
2. 吃是城市夜生活的_____，所以晚上是饭店和大排档_____最好的时候。
3. 大多数年轻人喜欢在_____或_____里过自己的夜生活。
4. 老年人常常在公园和广场_____或_____；有些人喜欢打麻将，边玩边聊，又_____又_____。

二、根据课文内容判断对错，请在错误的句子下面写出正确的句子

1. 现在，大家白天的生活不一样，但是夜生活都差不多。　　　　（　　）
   _____

2. 八十年代的中国人觉得，故事热闹还不够，电视的内容也要很丰富。（　　）
   _____

3. 晚上去饭店和大排档吃饭的人比白天多。　　　　　　　　　　（　　）
   _____

4. 锻炼在中国老人的生活中很重要。　　　　　　　　　　　　　（　　）
   _____

5. 我最佩服的是那些早上和晚上都坚持锻炼身体的人。　　　　　（　　）
   _____

三、选择合适的词语填空

度过　　佩服　　了解　　尊重　　扭　　打

_____老年人　　　　_____读书人　　　　_____秧歌
_____夜晚　　　　　_____麻将　　　　　_____老朋友

四、用括号里的词语完成句子

1. 我们每天吃的东西都差不多，_____。
   （不是……就是……）

2. 我们每天学习的课程都差不多，_____。
   （不是……就是……）

3. 我有两支铅笔，一支是红色的，_____。（另外）

4. 我有两个爱好，一个是打太极拳，_____。（另外）

5. _____，他都坚持锻炼身体。（无论）

6. 无论是北京还是纽约，_____。（都）

7. _____，我们看到了一位劳动者的自尊和真诚。
   （在……中）

8. 我们_____了解中国的传统文化。（在……中）

五、给下列句子排列顺序

夜市

(   )有东北的烧烤，有南方的小笼包，还有西北的拉面。

(   )无论烧烤还是点心，看起来都非常好吃。

(   )夜市的内容主要是各种各样的小吃，种类十分丰富。

(   )在北京的一些小胡同里，夜晚差不多八点钟以后，就会有夜市。

(   )不过，晚上吃太多东西容易发胖。所以，逛夜市的时候不能吃太多啊！

(   )另外还有很多北京的传统小吃，比如驴打滚、冰糖葫芦等等。

六、用下面给出的词语写一段话，说一说你的夜生活

| 差不多 | 不是……就是…… | 另外 | 内容 |
| 度过 | 无论……都…… | 在……中 | 自在 |

_____

_____

_____

_____

七、你到一个新的地方已经一个多星期了。请给老朋友写一封信，介绍一下自己在那里的新生活。

_____

_____

_____

_____

_____

八、汉字练习本

1. 给下列汉字加上拼音

部　　陪　　　差　　左　　　席　　度

种　　和　　　客　　容　　　意　　音

2. 学习下列汉字的笔顺，每个字抄写五遍

夜　丶 亠 广 疒 疒 夜 夜 夜

离　丶 亠 ナ 文 甴 宀 离 离 离

度　丶 亠 广 广 庐 庐 庐 度

佩　丿 亻 𠆢 㐅 佩 佩 佩 佩

歌　一 丆 可 可 可 哥 哥 哥 歌 歌 歌

第七课　外来人

一、根据课文内容填空

1. 外来人跟我们没有＿＿＿＿＿＿，但却是一个很重要的人。
2. 他会讲很多关于＿＿＿＿＿＿和＿＿＿＿＿＿的故事。
3. 他讲的故事给我们带来了＿＿＿＿＿＿，也曾经让我们＿＿＿＿＿＿。
4. 父母对我们的要求很＿＿＿＿＿＿，教育我们要＿＿＿＿＿＿，要＿＿＿＿＿＿。
5. 有时候他说脏话从来不＿＿＿＿＿＿，他在孩子面前有时会＿＿＿＿＿＿地说到性，让我们都很＿＿＿＿＿＿，却很少有人＿＿＿＿＿＿他。
6. 很多年过去了，他却还像以前那么＿＿＿＿＿＿，而且他的＿＿＿＿＿＿变得更漂亮了。

二、根据课文内容判断对错，请在错误的句子下面写出正确的句子

1. 我出生以后，外来人来到我的家里，成为一个很重要的人。　　（　　）
   ＿＿＿＿＿＿＿＿＿＿＿＿＿＿＿＿＿＿＿＿＿＿＿＿＿＿＿＿＿＿＿

2. 他讲的事都是真的，因为他不知道以后会发生什么事。　　（　　）
   ＿＿＿＿＿＿＿＿＿＿＿＿＿＿＿＿＿＿＿＿＿＿＿＿＿＿＿＿＿＿＿

3. 我们听着他讲的故事不知不觉地长大。　　（　　）
   ＿＿＿＿＿＿＿＿＿＿＿＿＿＿＿＿＿＿＿＿＿＿＿＿＿＿＿＿＿＿＿

4. 他说脏话的时候很不好意思，但是抽烟的样子很酷。　　（　　）
   ＿＿＿＿＿＿＿＿＿＿＿＿＿＿＿＿＿＿＿＿＿＿＿＿＿＿＿＿＿＿＿

5. 有时候他会让我们觉得尴尬，因为他在孩子们面前说到性。　　（　　）
   ＿＿＿＿＿＿＿＿＿＿＿＿＿＿＿＿＿＿＿＿＿＿＿＿＿＿＿＿＿＿＿

三、在横线上填上合适的动词

_____ 故事　　　　　　_____ 图画

_____ 眼泪　　　　　　_____ 脏话

四、把下列词语排列成一个句子

1. 经验　讲价　任何　我　没有　的　关于

   _____

2. 他　任何　没有　缺点

   _____

3. 冬天　却　夏天　下雪　了　没有　下雪

   _____

4. 客人　来　端上来　没有　饭菜　了　却

   _____

5. 有　他　很多　经验　减肥　关于　的

   _____

6. 他　一本　历史　关于　书　的　有

   _____

7. 曾经　工作　他　这里　在　过

   _____

8. 他　是　曾经　一　医生　名

   _____

五、读下面的启事,回答问题

寻物启事

　　今天早上九点左右,我在第一公寓楼下丢失手机一部。手机是Nokia牌的,黑色,翻盖儿(fānggàir, folding),背面有一处明显的伤痕(shānghén, scar)。请捡到的人与我联系,电话13245678900。非常感谢!

张华
七月二日

1. 张华的手机什么时候丢失的?

   _____

2. 张华的手机在哪里丢失的？
   _____

3. 张华的手机跟别的手机有什么不一样？
   _____

4. 我们可以怎么找到张华？
   _____

六、选用下面给出的词语写一段话，描述你熟悉的一个人

   曾经　　任何　　不知不觉　　明显　　尴尬　　却
   吸引　　样子　　流眼泪　　　诚实　　酷　　　关系

_____
_____
_____
_____
_____

七、七月二日你捡到了一部手机，请你写一则招领启事，让失主来认领。

_____
_____
_____
_____
_____
_____

第二单元 休闲娱乐

第七课 外来人

八、汉字练习本

1. 把下列汉字拆分成两部分，每个汉字写三遍

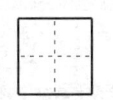

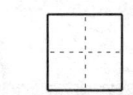

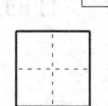

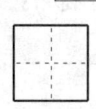

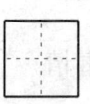

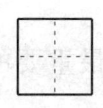

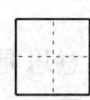

   却 = □ + □   曾 = □ + □

   流 = □ + □   吸 = □ + □

   评 = □ + □   尴 = □ + □

2. 根据每个偏旁写出两个汉字

   亻：_____、_____

   弓：_____、_____

   口：_____、_____

   扌：_____、_____

   氵：_____、_____

   讠：_____、_____

第八课　我爱做饭

一、根据课文内容填空

1. 每个人的业余爱好都不一样，有的爱看书，_____，有的爱唱歌，_____，但是我的爱好是_____。
2. 很多人说做饭既_____又_____，还是去饭馆_____。
3. 把一些_____的食物放在一起，做成好吃的_____，我觉得这是一种_____。
4. _____，意思是吃饭是我们生活中最重要的事情。
5. 享受生活的第一步是_____好自己和家人。

二、根据课文内容判断对错，请在错误的句子下面写出正确的句子

1. 我觉得爱做饭不是一个很好的爱好。　　　　　　　　　　　　（　　）
   _____

2. 喜欢吃美味食物的人，也都喜欢做饭。　　　　　　　　　　　（　　）
   _____

3. 我最大的快乐是自己享受自己做的美味饭菜。　　　　　　　　（　　）
   _____

4. 对大多数家庭来说，雇厨师做饭和常常去饭馆吃饭都不是很好的选择。（　　）
   _____

5. 家里的食物和这个人聪明不聪明没有任何关系。　　　　　　　（　　）
   _____

三、选择合适的动词填空

满足　　享受　　影响　　浪费　　照顾

_____时间　　_____要求　　_____美味　　_____美容

_____休息　　_____家人　　_____需要　　_____自己

第二单元 休闲娱乐
第八课 我爱做饭

四、模仿例句把下列句子改成"把"字句

例：放书　　到书包里　　放　→　把书放到书包里。

1. 饭菜　　到桌子上　　端
   _____

2. 汉字　　在本子上　　写
   _____

3. 朋友　　到酒吧里　　请
   _____

4. 电视　　到房间里　　放
   _____

五、用括号里的词语完成句子

1. _____，我的成绩不太好。（与……相比）
2. _____，北京的夏天比较热。（与……相比）
3. 早睡早起的好处有很多，_____。（既……又……）
4. 昨天我忘了自己的生日，没想到回家后看到一个大蛋糕，我_____。（既……又……）
5. 衣服脏了你不用洗，先_____，等我回来再洗。（把）
6. 我们的电视机坏了，今天_____，明天拿回来。（把）
7. 只有天天锻炼身体，_____。（才）
8. _____，才能取得好成绩。（只有）

六、阅读理解

第一次做饭

小学四年级暑假的一天早上，起床后我发现爸爸不在家，去打网球了；妈妈上夜班也没回来。我肚子饿得不得了，心想，爸爸、妈妈还不知道什么时候才回来，自己已经是四年级的学生了，什么时候才能自己做饭呢？如果没有第一次，永远也学不会，还是今天试着做一次吧！

为了省事我决定做最简单的饭——煮方便面。我先把锅放到了煤气灶上，然后把水倒进锅里。我试着把煤气灶的开关打开，第一次没有打着，我赶紧把开关关上，因为我记得爸爸告诉过我，假如火没打着，但煤气却还开着，就会非常危险。试了两次，第三次终于打着了。我又用刀切开了一个西红柿，切碎了几根香菜。这时候，水开了，我拿出一个鸡蛋，把鸡蛋打开放进锅里，两分钟以后，把西红柿、方便面和调料一起放进了锅里。过了一分钟左右，把煤气灶关上，把香菜放进锅里。一锅美味的方便面就做好了。吃着自己做的方便面，心里高兴极了。

长大以后又做过多少美味的饭菜已经记不清楚了。可是，还是觉得第一次做的方便面最好吃。

煤气灶	méiqìzào	gas cooker
危险	wēixiǎn	dangerous
切	qiē	cut
碎	suì	smash
香菜	xiāngcài	bot, coriander
调料	tiáoliào	condiment

1. 他为什么要自己做饭？
   A. 因为爸爸妈妈做的饭不好吃
   B. 因为爸爸妈妈不在家，他又很饿
   C. 因为做饭是他的暑假作业
   D. 因为他想让爸爸妈妈吃惊

2. 他为什么要做方便面？
   A. 因为他最爱吃方便面
   B. 因为家里只有方便面了
   C. 因为他觉得做方便面最简单
   D. 因为方便面最好吃

3. 他开了几次煤气灶才打着了火？

   A. 一次

   B. 两次

   C. 三次

   D. 四次

4. 他做方便面的顺序是什么？

   A. 锅里放水→水开→切西红柿和香菜→放鸡蛋→放香菜→放西红柿、方便面和调料

   B. 锅里放水→切西红柿和香菜→水开→放西红柿、方便面和调料→放鸡蛋→放香菜

   C. 锅里放水→水开→放鸡蛋→放西红柿、方便面和调料→切西红柿和香菜→放香菜

   D. 锅里放水→切西红柿和香菜→水开→放鸡蛋→放西红柿、方便面和调料→放香菜

七、用下面给出的词语写一段话，说一说你第一次做饭的经历

显得　与……相比　美味　既……又……　只有……才……

享受　饭菜　把

八、你是一位每天做饭照顾家人的妈妈，你今天中午不能回家做饭，请给你的家人写一张纸条，告诉他们今天的午饭怎么解决。

_____

_____

_____

_____

九、汉字练习本

1. 选择正确的汉字填空

　　(1) 内_____　　A. 俗　　B. 容

　　(2) _____响　　A. 影　　B. 须

　　(3) _____点　　A. 既　　B. 缺

　　(4) 照_____　　A. 顿　　B. 顾

　　(5) 容_____　　A. 易　　B. 显

2. 学习下面汉字的笔顺，每个汉字抄写五遍

雇　`丶 ⺈ ⺋ 户 户 户 户 启 雇 雇 雇`

腻　`丿 冂 月 月 肟 肟 肟 肟 腻 腻 腻 腻`

厨　`一 厂 厂 厂 戶 戶 戶 厨 厨 厨 厨`

靠　`丿 丄 生 生 告 告 告 告 告 靠 靠 靠`

享　`丶 亠 六 宁 宁 亨 亨 享`

第三单元　个人经历

第九课　难忘的经历

一、根据课文内容填空

1. 星期六我回家的时候，电梯里的灯突然_____了，电梯一下子_____了。
2. 我按了几下电梯里的报警器，可是它没有_____。
3. 我试着向两边_____电梯门，门打开后，我却发现对面是黑色的_____。
4. 我很_____地打开手机中的音乐，在_____的电梯中听音乐。
5. 电梯中的灯突然亮了，我感觉仿佛从_____一下子又回到了_____。

二、根据课文内容判断对错，请在错误的句子下面写出正确的句子

1. 我平时乘电梯回家。　　　　　　　　　　　　　　　　（　　）
   _____

2. 电梯停了，我很害怕，所以我没有说话。　　　　　　　（　　）
   _____

3. 电梯门打开了，对面正好是出口。　　　　　　　　　　（　　）
   _____

4. 我拿出手机给家人和朋友打电话，可是都没有人接。　　（　　）
   _____

5. 这件事情以后，我再也不敢一个人乘电梯了。　　　　　（　　）
   _____

三、选择合适的词语填空

乘　　按　　推　　信号　　暗　　喊

_____ 报警器　　　　　　　_____ 电梯

_____ 救命　　　　　　　　_____ 电梯门

灯突然_____了　　　　　　　手机没有_____

四、用括号里的词语完成句子

1. 他学东西特别快，_____。（一下子）
2. 因为今天大家都很饿，饭菜刚端上来，_____。（一下子）
3. 你不要绝望啊，_____。（说不定）
4. 考试成绩还不知道呢，_____。（说不定）
5. 今天出门的时候，我_____。（正好）
6. 他去西单逛商场，_____。（正好）
7. 我不敢相信自己的眼睛，_____。（仿佛）
8. 天上的云真美丽，_____。（仿佛）

五、选择正确的标点符号填在文章的空白处

电梯突然加快（A。B、）变慢（A。B、）甚至停住的时候，乘客一定不要惊慌、害怕。这时我们应该怎么办呢（A？B。）第一，要把你的两腿弯曲一点儿，上身保持向前倾斜（A。B，）第二，马上用电梯里的报警电话跟工作人员联系。如果报警没有反应，可以大声喊或者拍打电梯门求救。第三，电梯突然停住的时候一定不要向两边推门（A，B。）从电梯里向外爬，因为这时电梯也许会突然开动。大家要明白（A？B：）电梯把人困在里面其实不是危险的，这是电梯的一种保护状态。

六、用下面给出的词语写一段话，说一说你一次难忘的经历

平时　　一下子　　喊　　反应　　说不定　　仿佛　　正好　　绝望

第三单元 个人经历
第九课 难忘的经历

_____
_____
_____

七、写一个说明，告诉大家当电梯发生故障(breakdown)时应该怎么应对。

_____
_____
_____
_____
_____

八、汉字练习本

1. 把下列汉字拆分成两部分，每个汉字写三遍

暗 = □ + □   推 = □ + □

傻 = □ + □   郁 = □ + □

墙 = □ + □   堵 = □ + □

2. 请写出下列每组汉字相同的部件

放——仿（   ）   堵——都（   ）
狱——狠（   ）   佛——费（   ）
喊——感（   ）

37

第十课 上 当

一、根据课文内容填空

1. 一个_____人让我把十元钱交给在_____卖花的一个小姑娘。
2. 我担心_____，所以说："_____，我没有时间。"
3. 他说他不是_____，如果我不帮他就_____了一颗金子般的心。
4. 他让我把十元钱_____给小姑娘，告诉她那个女人来不了了，这让我很_____。
5. 为了不让小女孩_____我，我装作_____的样子说是我太_____，糊涂了。

二、根据课文内容判断对错，请在错误的句子下面写出正确的句子

1. 一天我下班回家，一个陌生的男子让我帮他用十元钱买花。（   ）
   _____

2. 他说他不是骗子，我很想知道为什么，所以我停下来听他说。（   ）
   _____

3. 我知道那个男子是骗子，可是我很感动，所以我把钱交给了小姑娘。
   （   ）
   _____

4. 其实没有人在小姑娘那儿买过花。（   ）
   _____

5. 半个月后，那个男人又让我帮他把钱给小姑娘。（   ）
   _____

6. 我觉得那个男人伤害了所有的好心人。（   ）
   _____

三、选择合适的词语填空

执着　诚实　好奇　伤害　严格　尴尬

1. 电视里常常明显地说到性，这让我们很_____。
2. 那个骗子_____了我的真诚。
3. 我们要对父母说实话，做_____的人。
4. 小姑娘很_____地等那个女人回来。
5. 他说他没有骗我，所以我很_____地停下来听他说。
6. 老师对我们的要求很_____。

四、用括号里的词语完成句子

1. 我们一到餐馆，服务员就_____。（把）
2. 丢了钱包的人一定非常着急，我们应该_____。（把）
3. 我看到小姑娘又把钱交给了那个男子，_____。（原来）
4. 看到他拿着花，我恍然大悟，_____。（原来）
5. 当我知道我考试通过的时候，我_____。（坏了）
6. 当我知道我被骗了的时候，我_____。（坏了）
7. 一辆车停在我们前面，我们只好_____。（下来）
8. 今天老师留了很多作业，不过，别担心，我都_____。（下来）

五、阅读理解

东郭（guō）先生和狼

东郭是一位教书的老先生。一天他骑着毛驴走在一条小路上，毛驴的背上还放着两口袋书。

突然一只狼从前面跑过来说："先生，先生，救命，一个猎人追来了，他要杀我！"

东郭先生说："我听说狼不是好东西，我不能救你。"

狼马上说："我是一只好狼，我从不吃人，我绝对不骗你！"

东郭先生说："可是我怎么救你呢？"

狼说："很容易，你把我藏在你的口袋里就可以了。"

东郭先生就把一个口袋里的书放在另一个口袋里，把狼藏了进去。

一会儿，猎人来了，他问东郭先生有没有看见一只狼，东郭先生说没有看见，猎人就又向前追过去了。

猎人走后，东郭先生把狼从口袋里放了出来。狼说："谢谢你，你帮了我一个忙，现在你得再帮我一个忙。"东郭先生说："我还能帮你做什么呢？"狼说："我饿坏了，你就好人做到底，让我吃掉你吧！"说着就要吃东郭先生。

东郭先生吓坏了，转身就跑。狼快要追上东郭先生的时候，走过来一个农民。东郭先生大喊救命。没想到狼也跑过来说："刚才这个人把我放进口袋里，要杀死我，所以我要吃了他！"

农民走过去看了看口袋，说："口袋这么小，你怎么能进得去呢？"狼连忙说："进得去，进得去，你要是不相信，我现在就爬进去你看看。"说完狼就爬进了口袋。农民马上把口袋扎了起来，用一块大石头把狼砸死了。

农民对东郭先生说："对狼这样的坏东西，永远都不要可怜它。"

毛驴	máolú	donkey
狼	láng	wolf
猎人	lièrén	hunter
追	zhuī	chase (or run) after
杀	shā	kill
藏	cáng	hide
吓	xià	scare
扎	zhā	tie
砸	zá	smash
可怜	kělián	show pity for

1. 东郭先生是什么人？

   A. 农民

   B. 骗子

   C. 猎人

   D. 老师

2. 狼为什么要到东郭先生的书袋子里？

    A. 狼想读书

    B. 狼想吃东郭先生

    C. 狼为了不让猎人找到它

    D. 狼想试一试能不能爬进去

3. 狼为什么要吃东郭先生？

    A. 因为它饿了

    B. 因为东郭先生把它藏到袋子里想杀死它

    C. 因为东郭先生救了它

    D. 因为东郭先生要用石头砸死它

4. 下面的哪句话是不对的？

    A. 东郭先生骗了猎人，狼骗了东郭先生，农民骗了狼

    B. 狼被猎人追杀，很可怜，应该帮助它

    C. 农民知道狼永远都是坏东西

    D. 东郭先生是个好人，但是不聪明

5. 这个故事告诉我们什么？

    A. 猎人和农民都应该保护动物，不应该伤害狼

    B. 我们救了狼以后应该给它一些食物，狼就不会伤害我们了

    C. 我们不能相信任何人

    D. 不能可怜坏人

六、用下面给出的词语写一段话，说一说你被欺骗的经历

上当　伤害　般　原来　把　下来　坏了　装作……的样子

_____

_____

_____

七、《上当》这个故事还没有结束，你认为以后可能会发生什么故事呢？请你写完这个故事。

_____
_____
_____
_____

八、汉字练习本

1. 写出含有下列部件的汉字

   忄：_____、_____   阝：_____、_____

   力：_____、_____   页：_____、_____

   欠：_____、_____   扌：_____、_____

2. 学习下列汉字的笔顺，每个汉字写五遍

   歉 丶 丷 䒑 乚 兰 当 羊 羔 兼 兼 歉 歉

   骗 𠃍 马 马 马 马 驴 驴 骗 骗 骗

   颗 丨 冂 曰 旦 甲 果 果 果 颗 颗 颗

   疑 丿 匕 匕 乍 矣 矣 疑 疑 疑 疑

   糊 丶 丷 䒑 半 米 米 料 粘 粘 糊 糊 糊

第十一课　在国外的经历

一、根据课文内容填空

1. 李丽为了_____要坐火车去_____一个城市。
2. 她_____多想，_____跑下楼去，直奔公共汽车站。
3. 她上了一辆公共汽车，可是它在下一个路口就会_____。
4. 李丽告诉老人她碰到的_____，老人说她知道一条去火车站的_____。
5. 他们_____向前跑，_____过了几个红灯，到了火车站。

二、根据课文内容判断对错，请在错误的句子下面写出正确的句子

1. 李丽可能会迟到因为她记错了时间。　　　　　　　　　　（　　）
   _____
2. 她上了一辆不去火车站的公共汽车。　　　　　　　　　　（　　）
   _____
3. 她很着急，所以请一位六十多岁的老太太送她去火车站。（　　）
   _____
4. 在路上，他们遇到了几个红灯，可是他们没有停下来。　（　　）
   _____
5. 那个老人也要送孩子们去火车站。　　　　　　　　　　　（　　）
   _____

三、选择合适的词语搭配连线

急得　　　　　　　　　红灯

闯　　　　　　　　　　秧歌

穿过　　　　　　　　　麻烦

扭　　　　　　　　　　手

拉　　　　　　　　　　跺脚

碰到　　　　　　　　　马路

四、用括号里的词语完成句子

1. 我看见她的脸色很难看，_____。（连忙）
2. 我看见一个小朋友在路边哭，_____。（连忙）
3. 只有两分钟就要上课了，_____。（来得/不及）
4. 这儿离学校不远，_____。（来得/不及）
5. 下雨了，可是我没有带伞，所以_____。（只能）
6. 当我知道我被骗了的时候，我_____。（只能）
7. 我昨天晚上只睡了两个小时，_____。（恐怕）
8. 那个女人走了一上午都没有回来，我想_____。（恐怕）

五、给下面的短文加上标点

　　每年国庆节学校都放七天的假很多同学都会在这时候出去旅行我也想去外地好好儿玩玩儿中国有很多值得参观的地方比如西安北京上海等等这次我想先去云南听说国庆节出去旅行的人很多飞机票不容易买所以我提前买好了飞机票学校一放假我就收拾好行李直奔机场了

六、用下面给出的词语写一段话，说一说你在国外的一次经历

　　连忙　　碰到　　来不及　　恐怕　　一路上　　感谢　　麻烦　　直

_____

_____

_____

_____

_____

七、写一则游记，介绍你的一次旅游经历

_____
_____
_____
_____

八、汉字练习本

1. 选择正确的汉字填空

   _____实　　　A. 真　　B. 直

   转_____　　　A. 弯　　B. 恋

   _____烦　　　A. 床　　B. 麻

   照_____　　　A. 烦　　B. 顾

   来不_____　　A. 级　　B. 及

2. 请写出下列每组汉字相同的部件。

   慰——恐（　　　　）

   闯——问（　　　　）

   麻——应（　　　　）

   奔——美（　　　　）

第十二课　出洋相

一、根据课文内容填空

1. 为了既要_____又要_____，我花两千元钱买了一件大衣。
2. 我_____得不得了，只想出去走一走，看看别人_____的目光。
3. 深色西装，再_____上大衣，真_____！_____极了！
4. 我把西装的_____扣上，把手放在大衣_____里，_____直了腰。
5. 我_____把"大衣"两个字说得很重，想_____女友的注意。

二、根据课文内容判断对错，请在错误的句子下面写出正确的句子

1. 我买了那件大衣只是因为它很好看。　　　　　　　　　　　（　）
   _____

2. 我兴奋得不得了，只想打电话告诉我的女朋友。　　　　　　（　）
   _____

3. 街上人们的目光都被我吸引住了，因为我穿上大衣显得很帅。（　）
   _____

4. 我特意把"大衣"两个字说得很重，因为屋里太暖和了。　　（　）
   _____

5. 更让我尴尬的是，我忘记把大衣的价签取下来了。　　　　　（　）
   _____

三、用合适的动词填空

挺　　照　　出　　扣　　脱　　穿

_____扣子　　　_____洋相　　　_____直腰
_____下衣服　　_____镜子　　　_____上大衣

四、用括号里的词语完成句子

1. 外面挺冷的，_____再出门吧。（上）
2. 你这件白色上衣挺漂亮的，如果_____，就更好了。（上）
3. 现在的孩子们生活太好了，_____。（要……有……）
4. 商场里的东西真丰富，_____。（要……有……）
5. 今天是她的生日，所以_____。（特意）
6. 为了锻炼身体，我_____。（特意）
7. 天气预报说今天要下大雨，_____。（果然）
8. 他昨天说他今天会来上课，_____。（果然）

五、阅读理解

在生活中，恐怕每个人都出过洋相，有过非常尴尬的时候。这时，我们应该怎么办呢？下面的几条经验也许会对大家有帮助。

一、一定不要大笑，尽量不要显得吃惊，要装作很平常的样子。在大家面前说错话，或者扣子突然掉了，都是很平常的事，如果我们大笑，会让别人很尴尬。

二、如果能帮忙，就尽量帮助出洋相的人。因为每个人出洋相的时候都是没有准备的，一般来说，像这样尴尬的事情也是从来没有遇到过的。这时，出洋相的人常常不知道应该怎么办。如果你能帮忙，他或她会非常感谢你的。

三、如果你不能帮忙，就不要站在一边看热闹，偷着笑。应该装作没有看见的样子，马上离开。这样不会让出洋相的人更尴尬。

四、看到别人出了洋相，千万不要再去告诉更多的人。像出洋相这样尴尬的事情，知道的人越多，对出洋相的人伤害就会越大。

1. 看到别人的扣子掉了，我们应该怎么做？
   A. 大笑
   B. 装作吃惊的样子
   C. 装作尴尬的样子
   D. 装作平常的样子

2. 你怎么做,出洋相的人会非常感谢你?

　　A. 站在一边看

　　B. 帮助他或她

　　C. 吃惊

　　D. 不说话

3. 你怎么做会对出洋相的人伤害更大?

　　A. 不说话

　　B. 不笑

　　C. 装作没有看见

　　D. 把他或她出洋相的故事告诉更多的人

4. 如果要给这篇短文加上一个题目,下面的哪一个更合适?

　　A. 你出过洋相吗?

　　B. 当别人出洋相的时候

　　C. 请不要伤害别人

　　D. 出洋相的经验

六、请用下面的一些词语,写一写你出洋相的经历

　　　风度　帅　兴奋　羡慕　要……有……　特意　果然　咦

_____

_____

_____

_____

_____

_____

第三单元　个人经历
第十二课　出洋相

七、续写下面一段话

　　昨天晚上十点左右，我从外面回到宿舍。打开门，发现宿舍里有点儿奇怪……

_____

_____

_____

_____

_____

八、汉字练习本

1. 写出含有下列部件的汉字

　　光：_____、_____

　　金：_____、_____

　　巾：_____、_____

　　灬：_____、_____

　　钅：_____、_____

2. 把下列汉字拆分成两部分，每个汉字写三遍

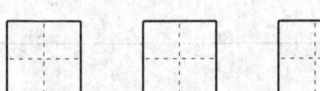

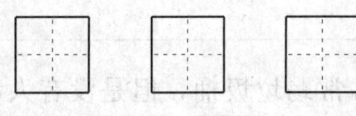

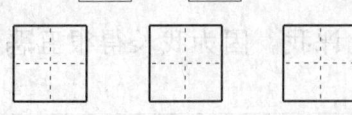

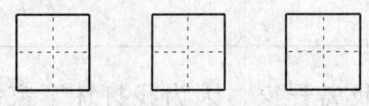

　　配 = ☐ + ☐　　　　　　羡 = ☐ + ☐

　　奋 = ☐ + ☐　　　　　　腰 = ☐ + ☐

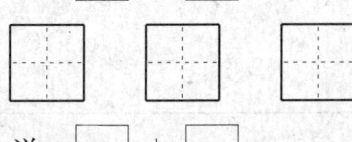

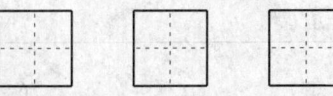

　　洋 = ☐ + ☐　　　　　　鞍 = ☐ + ☐

第四单元 人际交往

第十三课 网络与隐私

一、根据课文内容填空

1. 因为一年前的一个小动作，现在我已经成了一个_____的人了。
2. 那天我心情不好，就对着_____狠狠地_____了一脚。
3. 有一个人把我那一瞬间的_____和_____用照相机拍了下来。
4. 大半个中国的人都看到了我"_____"的样子，还在照片后面写了很多_____。
5. 他们调查出了我的_____、电话、身高、____、____、生活习惯等等。
6. 领导请我离开，因为我影响了同事们的_____工作。

二、根据课文内容判断对错，请在错误的句子下面写出正确的句子

1. 很多人都认识我，因为我是一个名人。　　　　　　　　　　（　　）
   _____

2. 我平时常常踢垃圾桶，但是没有人看见过。　　　　　　　　（　　）
   _____

3. 大家都批评我，因为我长得很丑恶。　　　　　　　　　　　（　　）
   _____

4. 我从小就是个坏人，所以我才会踢垃圾桶。　　　　　　　　（　　）
   _____

5. 妈妈让我离开家，因为我打坏了家里的电话。　　　　　　　（　　）
   _____

第四单元 人际交往
第十三课 网络与隐私

三、选择合适的词语搭配连线

踢了　　　　　　　　金子般的心
一件　　　　　　　　花
一颗　　　　　　　　马路
一辆　　　　　　　　一脚
一条　　　　　　　　事
一朵　　　　　　　　公共汽车

四、用括号里的词语完成句子

1. 有一个人天天给我打电话，可是_____。（根本）
2. 她说她的汉语很好，可是我知道_____。（根本）
3. 老师非常严格，_____。（连……都……）
4. 她很了解我，_____。（连……都……）
5. 今天下午她批评了我两个小时，最后说，_____。（总之）
6. 她既聪明又漂亮，既诚实又真诚。_____。（总之）
7. 他装作恍然大悟的样子说"我明白了"，但是_____。（看出来）
8. 虽然我们十年没有见面了，但是我_____。（认出来）

五、阅读理解

　　小张在一家小公司工作，昨天公司老板让他把一万元钱交给另外一个公司的老板。小张拿到钱后不知道放在哪里才安全，最后决定放在一个别人都不会认为里面有钱的东西里，这个东西就是——日记本。小张拿出一本带锁的大日记本，把钱夹在里面，又锁上了锁。可是怎么去那个公司呢？小张又发愁了：坐出租汽车？不行，我是个很粗心的人，要是把日记本丢在车上怎么办呢？骑自行车？也不行，有时候坏人会从自行车上抢东西。还是坐公共汽车吧！公共汽车上人多，大家都不会注意我的。

　　小张上了公共汽车后一直很担心，他离开人最多的车门附近，坐在最后面。可是下车以后他突然发现日记本没有了！小张一下子傻了，小偷怎么会对日记本感兴趣呢？后来他的一个朋友告诉他，在这个时代，隐私比钱更能引起别人的兴趣和注意！

日记　　rìjì　　diary
锁　　　suǒ　　lock
抢　　　qiǎng　　rob

1. 小张为什么要把钱放在日记本里？以下哪句话是不对的？
   A. 因为他觉得日记本很便宜，别人想不到里面有钱
   B. 因为他觉得日记本很平常，不会有人注意
   C. 因为日记本上有锁，会更安全
   D. 因为日记本里有他的隐私，跟公司没有关系

2. 小张为什么要选择坐公共汽车？
   A. 因为他担心出租汽车司机会抢他的东西
   B. 因为在公共汽车上不会有人注意他
   C. 因为他很粗心可能会把东西丢在自行车上
   D. 因为坐公共汽车很便宜

3. 小偷为什么会对小张的日记本感兴趣？
   A. 因为小偷想知道别人的隐私
   B. 因为小偷看见他把一万元钱放在日记本里了
   C. 因为小偷认识他
   D. 因为小张很吸引别人的注意

六、选用下面的一些词语，写一写你上网的经历

网络　　根本　　一瞬间　　总之　　连……都……　　v.＋出来　　碰

_____
_____
_____
_____

第四单元　人际交往
第十三课　网络与隐私

七、你认为互联网与隐私是怎样的关系？请根据课文《网络与隐私》写一篇读后感。

_____

_____

_____

_____

八、汉字练习本

1. 选择正确的汉字填空

   互联_____　　A. 肉　　B. 网

   调_____　　　A. 查　　B. 桌

   _____恶　　　A. 丑　　B. 且

   羡_____　　　A. 爆　　B. 慕

   _____手　　　A. 拉　　B. 垃

   班_____　　　A. 圾　　B. 级

2. 把下列汉字拆分成两部分，每个汉字写三遍

   隐 = ☐ + ☐　　　　碰 = ☐ + ☐

   踢 = ☐ + ☐　　　　瞬 = ☐ + ☐

   透 = ☐ + ☐　　　　私 = ☐ + ☐

第十四课　礼尚往来

一、根据课文内容填空

1. 快过春节了，互相_____的人多了，一起_____的朋友也多了。
2. 妻子看见小何老师_____的样子，很生气。
3. 小何是个有名的_____。
4. 咱们是_____，下次来_____别拿东西了。_____！
5. 小何_____地搬着啤酒上了楼。

二、根据课文内容判断对错，请在错误的句子下面写出正确的句子

1. 妻子很生气，因为小何老师算账算错了。　　　　　　　　　　（　　）
   _____

2. 小何下楼是为了去给张校长送礼品。　　　　　　　　　　　　（　　）
   _____

3. 张校长以为小何的垃圾是礼品。　　　　　　　　　　　　　　（　　）
   _____

4. 张校长知道小何喜欢喝酒，所以让他搬一箱啤酒回家。　　　　（　　）
   _____

5. 张校长以为小何又来送垃圾，所以没有开门。　　　　　　　　（　　）
   _____

三、选择合适的词语填空

算　扔　醒　按　送　闯

酒_____了　　　_____垃圾　　　_____账

_____红灯　　　_____门铃　　　_____礼

第四单元 人际交往
第十四课 礼尚往来

四、用括号里的词语完成句子

1. 那个地方很危险，_____。（千万）
2. 这封信很重要，_____。（千万）
3. 我刚从北京回来，_____。（是……的）
4. 我收到一封信，_____。（是……的）
5. 听说王府井有既漂亮又便宜的旗袍，_____。（咱们）
6. 那个人一定是个骗子，_____。（咱们）
7. 你最近这么忙，_____。（还）
8. 我以为今天你很累，不会来了，_____。（还）
9. 我以为他是校长，_____。（其实）
10. 我们都不愿意告诉她事实：_____。（其实）

五、阅读理解

　　在中国，礼物可能是很小的东西，但是送礼却是很大的事情。中国人喜欢双数，不喜欢单数，有"好事成双"的俗话。所以给别人送礼物的时候一定要送双数的礼物，比如两个、四个或六个等等，不要送单数的礼物，比如一个、三个、五个等等。另外，给老人不能送钟表，给夫妻或恋人不能送梨，因为"送钟"与"送终"，"梨"与"离"发音一样，是不吉利的。还有，如不能给健康人送药，更不能给异性朋友送贴身的用品。送礼物的时候还应该当面送出去，但是收到礼物的人最好不要当面打开，这会让客人很尴尬。在介绍礼物的时候总说："薄礼！薄礼！""只是一点小意思"或"很对不起……"是不合适的。当然，如果总说："这是很贵的东西！"也不合适。只要说"这是我的一点心意，希望您喜欢"就可以了。

钟表	zhōngbiǎo	clock
梨	lí	pear
送终	sòngzhōng	bury a parent
吉利	jílì	lucky
异性	yìxìng	the opposite sex
贴身	tiēshēn	next to the skin

薄礼　　　bólǐ　　　　　cheap gift
心意　　　xīnyì　　　　 regard

1. 中国人为什么要送两个礼物，不送一个礼物？
   A. 因为送两个礼物可以显得很有钱
   B. 因为送一个礼物很俗
   C. 因为中国人不喜欢单数
   D. 因为一个礼物显得太少了

2. 下面的哪句话是对的？
   A. 不能给老人送梨
   B. 男人不能给女人送药
   C. 不能给夫妻送钟表
   D. 可以给生病的人送药

3. 下面的哪种做法是中国人的习惯？
   A. 自己把礼物交给别人
   B. 请别人转交礼物
   C. 拿到礼物后马上打开说谢谢
   D. 告诉别人我为买这个礼物花了很多钱

六、选用下面的一些词语，写一下你们国家送礼的习惯

千万　还　互相　扔　礼品　其实　换　送礼　接

_____
_____
_____
_____

第四单元　人际交往
第十四课　礼尚往来

七、你有没有听说过关于送礼物的有趣的故事？把你听到的故事写在下面。

_____

_____

_____

_____

八、汉字练习本

1. 给下列汉字加上拼音

　　互　　丑　　账　　张　　坚　　塑

　　醒　　配　　要　　妻　　邻　　铃

2. 学习下列汉字的笔顺，每个汉字抄写五遍

算　丿　ㄊ　ㄊ　竹　竹　竹　笞　筲　筲　筲　箪　算　算

换　一　十　扌　扩　护　护　护　换　换

妻　一　ㄱ　㇐　ヨ　㇕　妻　妻　妻

醉　一　ㄏ　ㄒ　西　西　酉　酉`　酉冫　酉产　酉宀　醉产　醉

互　一　ㄒ　互　互

第十五课　入乡随俗

一、根据课文内容填空

1. 在我看来，中国人应该吃_____美味的中餐。
2. 但是孩子们_____，希望爸爸妈妈也_____一下洋快餐。
3. 孩子们_____地说，里面一定有你们爱吃的。我_____地咬了一口，觉得比我们_____吃的面饼好吃多了。
4. 里面的东西很丰富，有_____的蔬菜和西红柿，_____的鸡腿肉。
5. 这种鸡肉卷是肯德基为_____吃汉堡的中国人专门_____的。
6. 知道怎么_____当地的顾客，也许是他们成功的_____吧。

二、根据课文内容判断对错，请在错误的句子下面写出正确的句子

1. 中国人都喜欢吃地道美味的中餐。　　　　　　　　　　　　（　　）
   _____
2. 孩子们希望老爸老妈以后都吃洋快餐。　　　　　　　　　　（　　）
   _____
3. 他们给我拿来的是我以前常常吃的面饼。　　　　　　　　　（　　）
   _____
4. 有些中国人不习惯吃汉堡。　　　　　　　　　　　　　　　（　　）
   _____
5. 肯德基在中国很成功，因为它的快餐很地道。　　　　　　　（　　）
   _____

三、把下列词语变成重叠的形式

迷糊——_____　　　急忙——_____

神秘——_____　　　仔细——_____

干　——_____　　　热　——_____

凉　——_____　　　脆　——_____

第四单元 人际交往
第十五课 入乡随俗

四、用括号里的词语完成句子

1. 刚买的手机丢了，她_____。（不……才怪呢）
2. 准备了好久的考试没有通过，她_____。（不……才怪呢）
3. _____，一个学生应该努力学习。（在……看来）
4. _____，动物园是最有意思的地方。（在……看来）
5. 小何用垃圾换回来了一箱啤酒，他_____。（啊）
6. 在女朋友的家人面前出了大洋相，_____。（啊）

五、给下面一段话加上标点符号

  这些年中国出现了大量的外国餐厅其中来自美国的麦当劳肯德基是最成功的据报道到2007年底麦当劳的分店已经有1200家左右肯德基更是已经有了2000多家分店它们的成功有几个原因第一它们有先进的管理经验第二它们专门为中国人设计了适应当地顾客的产品第三它们专门为孩子设计了游乐区吸引了很多孩子另外它们都请了很多中国电影电视体育明星为他们做广告这也是他们成功的秘密之一

六、 对肯德基改变自己的特点，适应当地顾客的做法，很多人有不同的看法，你是怎么看的呢？选用下面的词语，给肯德基的老板写一封信，说说你的想法。

理解　神秘　急忙　不……才怪呢　在……看来　啊　设计　专门
成功　入乡随俗　适应　当地　尝试

_____
_____
_____
_____
_____

七、你的朋友到外国一年多了，还是很不习惯当地的风俗，很发愁。请给他写封信安慰他，并告诉他你自己入乡随俗的经验。

_____

_____

_____

_____

八、汉字练习本

1. 把下列汉字拆分成三部分，每个汉字写三遍

   嫩 = ☐ + ☐ 　　　　　狱 = ☐ + ☐

   懒 = ☐ + ☐ 　　　　　糊 = ☐ + ☐

   密 = ☐ + ☐ 　　　　　算 = ☐ + ☐

2. 写出下列每组汉字相同的部件

   酸——醉（　　　）　　　脆——腻（　　　）

   秘——透（　　　）　　　会——尝（　　　）

第十六课　中西文化风俗

一、根据课文内容填空

1. 中国人和西方人的文化各有各的_____。
2. 西方人见面，关系_____的可以互相拥抱。
3. 传统的中国人见面常说"_____"，"_____了"，再_____。
4. 中国人和西方人吃饭的_____不一样，体现了他们不同的_____。
5. 西方人性格_____，吃饭用_____用_____，都是_____的。
6. 美国人写信时，越是_____，越放在后面，可是中国人_____相反。

二、根据课文内容判断对错，请在错误的句子下面写出正确的句子

1. 西方人吃饭用刀叉是因为他们不会用筷子。　　　　　　　　　（　　）
   _____

2. 中国人见面时作揖、吃饭用筷子，都体现了中国人内向的性格。（　　）
   _____

3. 在中国主人常常给客人夹菜，因为主人知道客人喜欢吃什么。（　　）
   _____

4. 中国人写信时，越是群体的，越放在后面。（　　）
   _____

三、选择合适的词语填空

打扫　侵犯　握　夹　拍　揪　踢　打　按

_____菜　　　　_____自由　　　　_____卫生
_____手　　　　_____门铃　　　　_____足球
_____架　　　　_____头发　　　　_____照片

四、用括号里的词语完成句子

1. 我们都希望雨马上停下来，_____。（然而）
2. 我们都认为他不会成功。_____。（然而）
3. 小丽过生日时，我们祝她_____。（越A越B）
4. 他_____，我_____。（越A越B）
5. 这双筷子我不洗，_____。（谁……谁……）
6. A：今天你想吃什么菜？
   B：_____。（什么……什么……）
7. 我到西单去逛商场，_____。（刚好）
8. 四杯咖啡的价钱加起来，_____。（刚好）

五、阅读理解

饭桌上的十条礼仪

1. 门对面的座位是最重要的座位，应该留给年龄大的人或者主人，表示尊重。

2. 年轻人应该等年龄大的人坐下以后再坐下。

3. 在座位上不能随便乱动。脚要放在自己的座位下，不要随便伸开，胳膊不要靠在桌子边上，也不要把手放在旁边的椅子背上。

4. 吃东西的时候，胳膊不能向两旁伸开，碰到旁边的人。

5. 嘴里有食物时，不要说话。

6. 不吃的东西不要吐在地上或者桌上，应该轻轻拿出来放在自己的盘子前面。

7. 自己手里拿着筷子，或者别人在吃东西时，不要跟别人说话或敬酒。

8. 不要用筷子敲打碗或其他餐具。筷子用完一定要放在筷子架上，不能放在杯子或盘子上。

9. 筷子不能插在食物上面。

10. 和人说话时，要放下筷子。

礼仪　　lǐyí　　　　etiquette, proprieties
胳膊　　gēbo　　　　arm

第四单元 人际交往
第十六课 中西文化风俗

吐	tǔ	spit
敬酒	jìngjiǔ	propose a toast
敲	qiāo	knock
插	chā	stick in; insert

1. 哪个座位是表示尊重的座位？

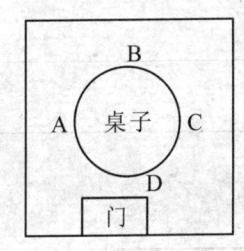

   ```
           B
       ┌───────┐
    A  │ 桌子 │ C
       └───────┘
           D
           门
   ```

2. 为什么吃东西的时候不能把胳膊伸开？

   A. 为了不碰到旁边的人

   B. 为了不说话

   C. 为了尊重年长的人

   D. 为了和别人说话

3. 吃饭的时候，在以下哪些情况中可以说话？

   A. 嘴里有食物的时候

   B. 手上拿着筷子的时候

   C. 别人嘴里有食物的时候

   D. 不吃东西的时候

4. 以下哪种使用筷子的方法是正确的？

   A. 把筷子放在盘子上

   B. 用筷子敲打碗

   C. 把筷子插在食物上面

   D. 在和别人说话的时候放下筷子

六、用下面给出的词语写一段话，介绍一下你们国家的餐桌礼仪

特点　刀叉　方式　聚会　越A越B　刚好　然而

_____

_____

_____

_____

_____

七、如果你要给你的中国朋友写信，应该怎样写信封呢？

八、汉字练习本

1. 写出含有下列部件的汉字

扌：_____、_____

卯：_____、_____

取：_____、_____

又：_____、_____

犭：_____、_____

用：_____、_____

第四单元　人际交往
第十六课　中西文化风俗

2. 学习下列汉字的笔顺，每个汉字抄写五遍

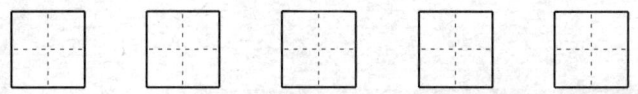

仰　ノ　亻　亻'　亻ヮ　们　仰

聚　一　丆　丌　开　耳　取　取　取　聚　聚　聚　聚　聚

侵　ノ　亻　亻'　亻ヨ　亻ヨ　伊　侵　侵

越　一　十　土　キ　丰　走　走　走　越　越　越

第五单元 爱情婚姻

第十七课 一个关于爱情的心理测试

一、根据课文内容填空

1. 把果酱_____在面包上，也许味道会不错。
2. _____路很远，很辛苦，但是也不愿意吃下这片干面包。
3. 选择 A 的人对_____很认真，强调对爱要有_____，但其实你一直非常期待_____。
4. 选择 B 的人只喜欢曾经跟你_____的恋人，你会经常给你们的爱情制造一些_____和_____。
5. 选择 C 的人要去找那种能让你_____的爱情。

二、根据课文内容判断对错，请在错误的句子下面写出正确的句子

1. 选择 A 的人打算明天买了新鲜的食品再吃。　　　　　　　　　　（　　）
　　_____

2. 选择 B 的人常常把果酱抹在面包上。　　　　　　　　　　　　　（　　）
　　_____

3. 选择 C 的人一定要去买自己喜欢的食品。　　　　　　　　　　　（　　）
　　_____

4. 选择 A 的人对感情很认真，如果有突然的，让人迷醉的爱情出现，他们也不会离开旧爱。　　　　　　　　　　　　　　　　　　　　　　　（　　）
　　_____

5. 选择 B 的人不会放弃曾经跟自己同甘共苦的恋人。（　　）
   _____

三、将下列成语补充完整

一见_____　　　　礼尚_____

刻___铭___　　　　___大悟

入___随___　　　　同___共___

日___生___　　　　不___不___

四、用括号里的词语完成句子

1. 我刚要出门，_____。（忽然）
2. 大家正在认真地上课，_____。（忽然）
3. 尽管这件衣服很贵，_____。（但是）
4. _____，但是我们都很喜欢她。（尽管）
5. 如果那个陌生人需要帮助，我_____。（愿意）
6. 他很诚实，从来_____。（愿意）
7. 我正在宿舍里睡觉，可是_____。（不断）
8. 他接过我的礼物来，_____。（不断）

五、阅读理解

你相信心理测试吗？

现在，心理测试在年轻人中间越来越流行了。在网上，在书上我们都经常看到各种各样的心理测试。有的测试你的性格，有的测试你的爱情，还有的测试你的吸引力。对心理测试，大家都有不同的看法。

甲：我认为心理测试可以说明真实的你，也许这个真实的你连你自己都不了解。很多心理测试非常专业，我做过的很多心理测试，测试的结果跟我的性格一般都比较像。所以我经常做啊，还挺有趣的，还可以帮助我认识我自己。

乙：我从来不相信心理测试。女友经常叫我一起做心理测试。尽管我每次都不愿意，但是也要陪她一起做。每次做这种测试，她都很认真，我却不在乎。我觉得它一点儿也不 科学 ，只是浪费时间。

　　丙：其实，心理测试科学不科学不太重要，它只是一种轻松的休息方式。假如你相信它，它就是真的；假如你不相信它，它就是假的啦！

　　科学　　　　kēxué　　　　scientific

1. 甲为什么相信心理测试呢？
    A. 他认为测试结果大多符合他的性格
    B. 他觉得心理测试很有趣
    C. 他觉得心理测试都很专业
    D. A、B、C 都对

2. 乙为什么不相信心理测试呢？
    A. 他觉得心理测试不科学
    B. 因为他的女朋友不相信
    C. 因为他的女朋友觉得这是浪费时间
    D. 因为他是在陪他女朋友做

3. 丙认为心理测试怎么样？
    A. 喜欢
    B. 批评
    C. 不太相信，但也不批评
    D. 怀疑

4. 下面哪一种说法是不对的？
    A. 大家对心理测试的看法不同
    B. 甲不太相信心理测试
    C. 乙完全不相信心理测试
    D. 丙认为心理测试是一种休息

第五单元 爱情婚姻
第十七课 一个关于爱情的心理测试

六、用下面给出的词语写一段话，介绍一个你见过的心理测试

测试　尽管……但是……　忽然　愿意　不断　放弃　强调　感情

_____
_____
_____
_____
_____

七、你很喜欢一个女/男生，但是一直没有勇气告诉她/他，现在给她/他写封信说明你的感情和你对爱情的态度。

_____
_____
_____
_____
_____
_____

八、汉字练习本

1. 选择正确的汉字填空

   果_____　　　　　　A. 将　　B. 酱
   _____所　　　　　　A. 厕　　B. 测
   饭_____　　　　　　A. 馆　　B. 管
   _____意　　　　　　A. 感　　B. 愿
   放_____　　　　　　A. 弃　　B. 奔
   不_____　　　　　　A. 渐　　B. 断

2. 写出下列汉字共同的部件

   责——费（　　　　）　　　刻——该（　　　　）
   钟——种（　　　　）　　　尽——迟（　　　　）

69

第十八课 理想的妻子

一、根据课文内容填空

1. 大家常常在一起说_____的妻子应该是什么样的。
2. 有的朋友标准很高：要温柔；要思想_____，行为_____；要有_____。要传统，可是还不能没有_____。
3. 我觉得按照这样的_____找妻子比_____还难。
4. 我和我的妻子应该互相_____，互相_____。
5. 后来有个朋友_____我：_____你的标准太高，_____符合女人要求的男人根本没有。

二、根据课文内容判断对错，请在错误的句子下面写出正确的句子

1. 三十多岁还没有结婚，因为我不知道我要找什么样的妻子。（   ）
   _____

2. 一般来说，太漂亮的女人和太丑的女人命运都不好。（   ）
   _____

3. 男人都不会做饭和做家务，所以他们希望一回到家就能吃到香喷喷的饭菜。
   （   ）
   _____

4. 其实我不同意朋友找妻子的标准，因为我觉得那不可能找到。（   ）
   _____

5. 我觉得两个人要相互配合才能幸福，比如在大街上，我看美女，她看帅哥。
   （   ）
   _____

6. 不只是男人对女人有要求，女人对男人也有很高的要求。（   ）
   _____

三、选择意思相反的词语连线

熟悉　　　　　　漂亮

丑　　　　　　　个体

内向　　　　　　粗心

群体　　　　　　陌生

保守　　　　　　外向

认真　　　　　　放弃

坚持　　　　　　开放

四、用括号里的词语完成句子

1. 他的衣服比我的贵，价格应该要_____。（多）

2. 她已经是四个孩子的妈妈了，年龄也许有_____。（多）

3. 你必须向我道歉，_____。（否则）

4. 你一定要努力学习汉语，_____。（否则）

5. _____，我想没有人能够成功通过考试了。（按照）

6. _____，我每天早上六点半起床。（按照）

7. 我三十多岁了还没有结婚，_____。
（不是……而是……）

8. 中国人跟西方人的文化风俗不同，_____。
（不是……而是……）

五、阅读理解

征友启事（上）

有一天，一位女孩在互联网上公布了找男朋友的标准和自己的基本情况。

我的基本情况是：

年龄：24岁

身高：163cm

体重：四十多公斤

工作：××大学新闻系毕业，现在北京一家日报社工作

收入：每月 5000 元以上

电话：134×××××××1

我要找的男朋友，要符合下面的所有标准：

1. 没有结过婚的男人
2. 身高：180～183cm
3. 体重：最少 75kg，不要比 80kg 重
4. 年龄：生于 1978～1980 年
5. 家庭：北京人，在北京工作
6. 收入：有稳定的工作，收入要比我高
7. 相貌：不能戴眼镜，脸上不能有痘痘，不能难看
8. 条件：身体好，有主见，既诚实又体贴

她的征友启事公布以后，男孩有什么反应呢？请看下一课的《征友启事（下）》。

公布	gōngbù	announce
基本	jīběn	main
毕业	bìyè	graduate
稳定	wěndìng	stable
痘痘	dòudou	Nick name for pimples

1. 这个女孩可能做什么工作？
   A. 司机
   B. 老师
   C. 记者
   D. 厨师

2. 以下哪个男孩的体重符合标准？
   A. 77 kg
   B. 85 kg
   C. 74.5 kg
   D. 80.5 kg

3. 男孩一个月的收入要有多少才能符合女孩的标准？

   A. 3000 元

   B. 4000 元

   C. 5000 元

   D. 10000 元

4. 一个男孩要符合哪个标准才能成功？

   A. 不戴眼镜

   B. 既诚实又体贴

   C. 有稳定的工作

   D. 上面的都要符合

六、请用下面的一些词语，介绍你选择女(男)朋友的标准

　　理想　思想　主见　浪漫　开放　不是……而是……
　　按照　否则　保守

_____
_____
_____
_____
_____

七、按照你的标准和你自己的基本情况，模仿练习五写一则征友启事

_____
_____
_____
_____
_____

八、汉字练习本

1. 写出含有下列部件的汉字

    女：_____、_____

    犭：_____、_____

    付：_____、_____

    木：_____、_____

2. 给下列汉字加上拼音

    浪　　狠　　标　　票

    慢　　漫　　帅　　师

    擦　　餐　　喷　　奔

第十九课　这个时代的爱情

一、根据课文内容填空

1. 我和女朋友谈了五年的_____，可是去年的今天我们_____了。
2. 她很_____，结婚前她把自己的_____交给我，说里面记着一个女孩对生活的_____。
3. 她把日记扔进_____里_____掉了。
4. 她把她的_____嫁给了我，把她的_____嫁给了那个有钱人。
5. _____了这段感情以后，我想办法拼命_____，_____有了我自己的公司。
6. 在这个_____，想娶到一个_____的女人，真的很难。

二、根据课文内容判断对错，请在错误的句子下面写出正确的句子

1. 我和我的女朋友分手三年了。　　　　　　　　　　　　　　　（　）
   _____

2. 她嫁给了一个有钱人，她很高兴。　　　　　　　　　　　　　（　）
   _____

3. 她想给我看她的日记，可是我一点儿也不在乎。　　　　　　　（　）
   _____

4. 我拼命赚钱是想有自己的公司、汽车和别墅。　　　　　　　　（　）
   _____

5. 我最终找到了让我满意的理想的妻子。　　　　　　　　　　　（　）
   _____

6. 其实，小高嫁给我可能也是因为我现在有钱。　　　　　　　　（　）
   _____

三、选择合适的关联词语填空

尽管……但是……　　既然……就……　　不是……而是……

除了……以外　　　　要……有……　　　无论……都……

1. _____高级的饭店还是街边的大排档，晚上_____是生意最好的时候。
2. 我买了一件很好的大衣，穿在身上____风度____风度，____温度____温度，帅极了。
3. 她_____温柔漂亮_____，还跟我以前的女朋友一样，每天晚上都写日记。
4. _____男人的标准太高，_____符合女人要求的男人根本没有。
5. _____很饿，_____我也不愿意吃下这片干面包。
6. _____你已经要结婚了，_____把我忘掉算了。

四、用括号里的词语完成句子

1. A：我刚要出门，天忽然下雨了，怎么办呢？
   B：_____。（既然……就……）
2. A：我很饿，但是这片面包已经干了，怎么办呢？
   B：_____。（既然……就……）
3. 我为买西装去了很多家商店，_____。（最终）
4. 虽然我很爱她，可是_____。（最终）
5. A：这些垃圾怎么处理啊？
   B：_____。（算了）
6. A：我从来都不穿的旧衣服太多了，新买来的衣服没有地方放了。
   B：_____。（算了）
7. _____，只是价格太贵了。（不是没有）
8. _____，只是妈妈都不喜欢。（不是没有）

五、阅读理解

征友启事（下）

　　那个女孩公布了找男朋友的标准后，一个男孩给出了这样的回答：

　　北京每年有7万左右的孩子出生，所以1978年到1980年出生的有21万左右。有一半是女生，所以符合这条标准的男生一共有10.5万人。

第五单元 爱情婚姻

第十九课 这个时代的爱情

中国男人的身高在170cm左右，按照高斯分布，1978到1980年出生，身高在180cm～183cm之间的北京男人差不多有7000人左右。

体重真的很难估计。我为您乐观地估计一下，1978到1980年出生的180cm～183cm的北京男人，现在的体重是75kg～80kg的有4500人左右。

你的收入是5000元，比你高的在4500人里面可能只有3000人。

不戴眼镜，不长痘痘：如果您不是在开玩笑，按照这两条标准，大概有2500个男生要回家了。

现在只有500人了。1978到1980年出生的男人，有女朋友应该是正常的吧。所以除了正在谈恋爱的，结婚的，订婚的，离过婚的，不喜欢女人的……剩下的不是没有，但是……

您还要身体好，有主见，既诚实又体贴……

祝您一路顺风！再见！

高斯分布	gāosīfēnbù	gaussian distribution
估计	gūjì	estimate
乐观	lèguān	optimistic
剩下	shèngxià	the left

1. 从1978年到1980年出生的北京男人一共有多少？
   A. 10.5万
   B. 21万
   C. 10万
   D. 7万

2. "大概有2500个男生要回家了"是什么意思？
   A. 有2500个左右的北京男人要回北京了
   B. 有2500个左右的北京男人不符合这一条标准
   C. 有2500个左右的北京男人可以跟她回家
   D. 有2500个左右的北京男人符合这一条标准

3. 如果除了"身体好，有主见，既诚实又体贴"的要求以外，还有多少人？
   A. 差不多 4500 人
   B. 差不多 1000 人
   C. 差不多 500 人
   D. 作者没有说明，但只有很少的人了

4. 下面哪一句是错的？
   A. 只有很少的男生符合标准
   B. 作者认为那个女孩可能找不到符合标准的人
   C. 作者认为那个女孩要去旅行了
   D. 作者认为那个女孩的标准太高了

六、请用下面的一些词语，说说你对这个时代的爱情的看法

既然……就…… 时代 谈恋爱 最终 除了……以外 不是没有
实现 充满 算了 美好 梦想 浪漫 完整

_____
_____
_____
_____
_____

七、"我"和秘书小高结婚会发生什么故事呢？请你接着编写下面的故事。

_____
_____
_____
_____
_____
_____

八、汉字练习本

1. 把下列汉字拆分成两部分，每个汉字写三遍

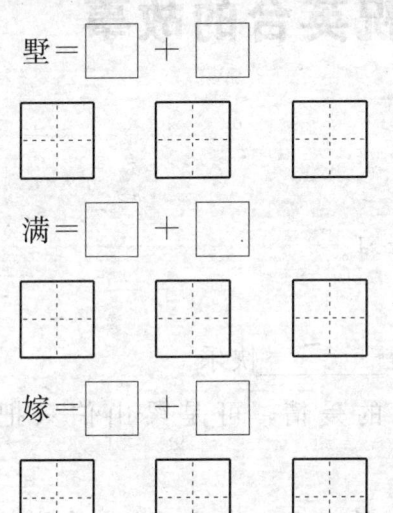

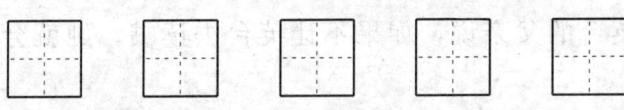

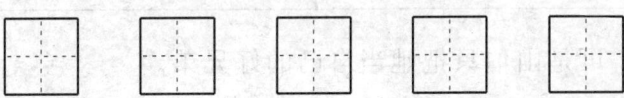

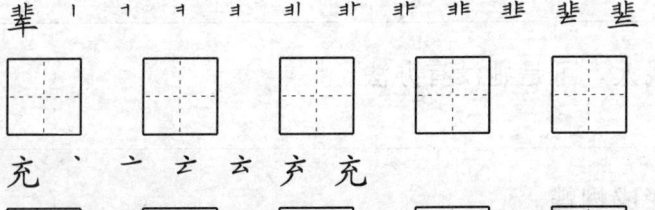

墅 = □ + □   属 = □ + □

满 = □ + □   烧 = □ + □

嫁 = □ + □

2. 学习下列汉字笔顺，每个汉字抄写五遍

堆 一 十 土 圤 圹 垆 垆 堆 堆 堆

段 ´ ⺁ ⺁ ⺁ 耳 耳 段 段

恋 丶 一 亠 亣 亦 亦 恋 恋 恋

辈 丨 ⺈ ㇐ ㇐ 非 非 非 辈 辈 辈

充 丶 一 亠 云 㐬 充

第二十课　梁山伯与祝英台的故事

一、根据课文内容填空

1. 祝英台很想到外面去找更好的老师_____学习。

2. 祝英台很会_____各种各样的人。

3. 她和梁山伯很_____，日子过得_____快乐。

4. 祝英台_____向梁山伯_____自己的爱情，可是梁山伯只把她_____自己的好兄弟。

5. 等他好不容易_____了钱去祝家_____的时候，才发现祝英台说的妹妹就是她自己。

二、根据课文内容判断对错，请在错误的句子下面写出正确的句子

1. 英台很想继续出去学习，可是她家里没有钱。　　　　　　　　（　　）
　　_____

2. 杭州来了一个算命先生对英台的父亲说，如果不让英台去读书，她就会有灾难。　　　　　　　　　　　　　　　　　　　　　　（　　）
　　_____

3. 英台对山伯说自己很爱他，可是山伯只把她当自己的好兄弟。（　　）
　　_____

4. 英台不愿意嫁给那个有钱人，可是她没有办法。　　　　　　　（　　）
　　_____

5. 梁山伯和祝英台都希望变成蝴蝶。　　　　　　　　　　　　　（　　）
　　_____

三、选择合适的词语填空

实现　发　模仿　凑　充满　求　侵犯　谈

_____期待　　　　　　　_____誓
_____自由　　　　　　　_____钱
_____梦想　　　　　　　_____算命先生
_____恋爱　　　　　　　_____婚

四、用括号里的词语完成句子

1. 我听说北京的夏天_____。（是……的）
2. 我知道这样的梦想_____。（是……的）
3. 考试成绩出来了，_____。（十分）
4. 听到他结婚的消息，大家_____。（十分）
5. _____，老师最终同意了。（再三）
6. _____，他最终同意了女儿的要求。（再三）
7. 这个生词我写了好多遍，_____。（好(不)容易）
8. 他经过三年的努力，_____。（好(不)容易）

五、阅读理解

牛郎织女的故事

在晴朗的夜晚，你能看到天上在银河的两边有两颗很亮的星星，一颗叫牛郎星，一颗叫织女星。传说这两颗星是两个人变的。

很久以前，有一个年轻人，他很小的时候父母就死了，他一个人跟一头老牛一起生活，人们叫他"牛郎"。牛郎又诚实又善良，可是因为家里很穷，村里的姑娘都不愿意嫁给他。

牛郎对他的老牛非常好，一天，老牛要死了，它对牛郎说："三天以后，有七个姑娘会在村边的小河里洗澡，她们的衣服都放在河边的树林里。你拿走那件粉红色的衣服，那个被拿走衣服的姑娘就是你的妻子。另外，我死后，你穿上我的皮就可以飞到天上。"老牛死后，牛郎很伤心，他埋了老牛，又按照老牛说的办法娶到了一个美丽的姑娘。

这个姑娘叫织女，是天上玉皇大帝和王母娘娘的女儿。她爱牛郎，也很喜欢人间的美好生活。牛郎和织女生了一个儿子、一个女儿，织女再也不想回天上去了。

可是王母娘娘很快就知道了这件事，她非常生气："我的女儿，怎么能嫁给一个放牛的穷小子呢？"她来到人间把织女抓到了天上。

牛郎连忙穿上老牛的皮，用扁担挑起来他们的两个孩子也到了天上。王母娘娘气坏了，用手在身后画出了一道宽宽的银河，牛郎和织女被银河远远地分开了。

王母娘娘只同意他们每年七月七日见一次面。那天你很难找到喜鹊，因为所有善良的喜鹊都飞到天上为牛郎织女搭桥去了。牛郎和织女每年就是走过喜鹊搭成的桥在银河上见面的。那天晚上如果你在葡萄架下仔细听，还能听到他们在说悄悄话呢！

银河	yínhé	the Milky Way
善良	shànliáng	kind-hearted
扁担	biǎndan	shoulder pole
挑	tiāo	carry on one shoulder
喜鹊	xǐquè	magpie
搭桥	dā qiáo	put up a bridge
葡萄架	pútao jià	grape trellis
悄悄话	qiāoqiāohuà	whisperings
牛郎	Niúláng	
织女	Zhīnǚ	
玉皇大帝	Yùhuángdàdì	
王母娘娘	Wángmǔniángniang	

1. 村里的姑娘为什么不愿意嫁给牛郎？

    A. 因为牛郎没有父母

    B. 因为牛郎跟老牛一起生活

    C. 因为牛郎家里没有钱

    D. 因为牛郎以后是要到天上去的

2. 下面的哪句话是不对的?

   A. 因为牛郎只喜欢老牛，所以叫"牛郎"

   B. 织女不是人间的女子

   C. 王母娘娘很看重门当户对

   D. 织女到河边洗澡的时候穿的是粉红色的衣服

3. 每年牛郎和织女是怎么见面的?

   A. 穿上牛皮见面

   B. 去河边的树林里见面

   C. 在葡萄架下面见面

   D. 走过鹊桥见面

六、请用下面的词语，介绍一个你听过的神话或者传说故事

灾难　从小　继续　是……的　十分　好不容易　再三　被迫　发誓

_____
_____
_____
_____
_____

七、写一则放映电影《梁山伯与祝英台》的通知，在通知中除了要说明放映的时间和地点以外，还要简单介绍这部电影的内容，以吸引更多人来观看。

_____
_____
_____
_____
_____

八、汉字练习本

1. 写出下列汉字相同的部件

    继——断（　　　）　　　　杭——抗（　　　）

    蝴——糊（　　　）　　　　慕——墓（　　　）

    靠——辈（　　　）　　　　灾——烦（　　　）

2. 选择正确的汉字填空

    道_____　　　　A. 理　　　B. 埋

    发_____　　　　A. 警　　　B. 誓

    被_____　　　　A. 追　　　B. 迫

    传_____　　　　A. 续　　　B. 统

第六单元 性格修养

第二十一课 差不多先生传

一、根据课文内容填空

1. 他妈骂他,他_____头说:"红糖白糖不是差不多吗?"
2. 他做事_____,很不_____。
3. 他为了一件_____的事,要坐火车到上海去。
4. 他摇摇头说:"火车公司_____这么认真呢?"
5. 他太_____了,_____家人摆摆手说:"算了,_____王大夫和汪大夫差不多。"

二、根据课文内容判断对错,请在错误的句子下面写出正确的句子

1. 差不多先生的妈妈骂他买错了糖,他也觉得自己做错了。　　　　(　　)
　_____

2. 他不知道哪个字是"十",哪个字是"千"。　　　　　　　　　(　　)
　_____

3. 他觉得第二天去上海也没关系,因为他的事情不太重要。　　　(　　)
　_____

4. 差不多先生不知道兽医不能给人看病。　　　　　　　　　　　(　　)
　_____

三、写出下列词语的重叠形式

断续_____　　　　　　　马虎_____

笑(嘻)_____　　　　　　干巴_____

神秘_____   地道_____

热闹_____   仔细_____

四、用括号里的词语完成句子

1. A：你知道吗？梁山伯和祝英台最后结婚了！
   B：_____？（不是……吗）

2. A：肯德基现在卖米饭和油条了！
   B：_____？（不是……吗）

3. 梁山伯和祝英台完全可以离开家去别的地方生活，_____？（何必）

4. 日记里有你过去的美好梦想，_____？（何必）

5. 今天很热，_____，否则我们就会热得睡不着觉了。（好在）

6. 昨天我出洋相了，_____，否则朋友们会笑我的。（好在）

7. 听到他骂人、说脏话，我气坏了，_____。（于是）

8. 肯德基发现很多中国人不习惯吃汉堡，_____。（于是）

9. 差不多先生把红糖_____。（成）

10. 他把马_____。（成）

五、阅读理解

星期八

在单位中午休息的时候，同事们喜欢凑在一起聊天儿。在聊天中我们可以看出来不同的人有不同的性格特点。

小张平时看任何东西都很仔细，是个很认真的人。周一聊天的时候，他告诉我们昨天他很吃惊地发现他新买的电子手表上写着"星期8"，是不是手表的质量有问题？他打算下班以后去商店换一块。

小何一听他说的这件事就笑了，原来小何家也有一块电子手表，是五年以前买的，小何早就发现了这个问题，不过小何对这个问题根本不在乎。他笑嘻嘻地说："没关系了，星期8不就是星期天吗？你太较真了！我们都能明白，差不多就行了，何必这么认真呢？"

小张不喜欢听这样的话，有点生气地说："怎么能差不多呢？是星期几就应该是星期几，这说明他们没有认真工作，我一定要去找他们的老板！"

第六单元 性格修养
第二十一课 差不多先生传

小王一直没有说话，其实他的手表也有这样的问题。他一边听，一边在努力地想这是怎么回事。突然，小王恍然大悟地说："我明白了，手表没有错！从星期一到星期六都是阿拉伯数字，星期8其实是个汉字——星期日！"

电子	diànzǐ	electronic
较真	jiàozhēn	too serious
阿拉伯数字	Ālābó shùzì	Arabic numerals

1. 小张新买的手表出了什么问题？
   A. 突然停了
   B. 质量问题
   C. 没有"星期天"，只有"星期8"
   D. 没有电了

2. 小何是个什么样的人？
   A. 笑嘻嘻的人
   B. 很不认真的人
   C. 很认真的人
   D. 很较真的人

3. 小王是个什么样的人？
   A. 很马虎的人
   B. 不说话的人
   C. 不仔细的人
   D. 喜欢想问题的人

4. 开始的时候他们为什么都认为手表有问题？
   A. 因为手表是电子的，他们没戴过
   B. 因为手表的质量不好
   C. 因为他们看错了
   D. 因为手表是假的

六、用下面给出的词语写一段话，说一说你喜欢的/不喜欢的一个人的特点

马虎　要紧　何必　好在　把　于是　不是……吗　只是　算了　认真

_____
_____
_____
_____
_____

七、把课文中差不多先生的故事改编成一个小剧本

_____
_____
_____
_____
_____

八、汉字练习本

1. 写出含有下列部件的汉字

    广：_____、_____

    米：_____、_____

    冫：_____、_____

    去：_____、_____

    马：_____、_____

2. 给下列汉字加上拼音

    虎　　虑　　传　　转　　骂　　哭

    拼　　饼　　弯　　恋　　摇　　烧

第二十二课　小气鬼

一、根据课文内容填空

1. 一般来说，人们都喜欢_____的人，讨厌_____的小气鬼。
2. 小钱找不到女朋友的原因让人又_____又_____。
3. 他第一次相亲的时候，_____建议他们一起到公园去玩玩、互相_____。
4. 姑娘气得连_____都没打就下了车，回去直_____媒人不该给自己介绍这么一个_____。
5. 在中国，男人跟女人一起吃饭的时候，一般都是男人_____的。

二、根据课文内容判断对错，请在错误的句子下面写出正确的句子

1. 人的性格和做事情的方式有很大的关系。　　　　　　　　　(　　)
   _____

2. 小钱三十多岁还没找到对象，因为他的标准很高。　　　　　(　　)
   _____

3. 小钱第一次相亲的时候，以为姑娘应该给他买车票。　　　　(　　)
   _____

4. 小钱接受了媒人的批评。　　　　　　　　　　　　　　　　(　　)
   _____

5. 第二次相亲的时候，他想要付账，可是口袋里东西太多了，所以没找到钱。
   　　　　　　　　　　　　　　　　　　　　　　　　　　　(　　)
   _____

三、选择正确的词语填空

结　　挣　　交　　打　　找　　掏

_____对象　　　　_____月票　　　　_____朋友

_____工资　　　　_____账　　　　　_____招呼

四、用括号里的词语完成句子

1. 我告诉他那里很危险，可是_____。（仍然）
2. 今天天气很热，可是我们_____。（仍然）
3. 虽然我们在同一个班学习，然而我们_____（各）
4. 我们来自不同的国家，我们的文化也_____（各）
5. 从进教室的门开始，大家就一直对我笑。我想：_____？（难道）
6. 我工作了一个月，也没有卖出一本书。我想：_____？（难道）
7. 他的课本上_____。（满）
8. 这个包重极了，我想一定_____。（满）

五、阅读理解

<u>　　　　　　　　　　严监生的故事　　　　　　　　　　</u>

　　严监生是个有名的小气鬼。有一天他病了，而且越来越重，连医生也放弃了希望。这天，他已经病得三天不能说话了。晚上，房间里站满了他的亲戚和朋友，桌上亮着一盏油灯。严监生张着嘴，总也不肯闭上嘴死去，还把手从被子里拿出来，伸着两个手指头。

　　大儿子问他："爸爸！您是不是还有两个亲人没有见面？"他把头摇了两下。二儿子走过去问他："您是不是还有两件事没有做？"他生气极了，又把头狠狠地摇了两下，脸色越来越难看。小儿子问："爸爸！难道是有两个人向您借了钱，还没有还给您？"他听了这话，还是不断地摇头。

　　他的妻子明白了，急忙擦擦眼泪，说："我明白了！是灯芯！"她把油灯里的两根灯芯拿走一根。严监生终于笑着去世了。

盏　　　zhǎn　　　　measure word for light
手指　　shǒuzhǐ　　　finger

第六单元 性格修养
第二十二课 小气鬼

油灯　　　yóudēng　　　Chinese oil lantern. It can be lighted with "灯芯（dēngxīn）". If we put more "dēngxīn" in the oil lantern, the lantern will be brighter, while the oil will be consumed sooner.

1. 为什么医生放弃了希望？
   A. 因为严监生的病太重了
   B. 因为严监生的病快好了
   C. 因为严监生不愿意花钱
   D. 因为严监生太小气了

2. 严监生为什么伸着两个指头？
   A. 因为他有两件事没有做
   B. 因为有两个亲人没有来看他
   C. 因为点了两个油灯
   D. 因为油灯有两个灯芯

3. 下面哪一个句子是正确的？
   A. 因为严监生太小气了，所以没有人来看望他
   B. 严监生最后郁闷地死去了
   C. 最后，严监生的大儿子明白了他的意思
   D. 严监生的妻子最理解他

六、选用下面给出的词语写一段话，说一个和小气鬼有关的故事

仍然　各　难道　满　斤斤计较　埋怨　又好气又好笑　小气

_____
_____
_____

91

七、节约和小气有什么关系？请谈谈你的看法。

_____
_____
_____
_____
_____

八、汉字练习本

1. 写出下列汉字共同的部件

　　掏——缺（　　　　）　　　　仍——扔（　　　　）

　　慨——即（　　　　）　　　　厌——厨（　　　　）

　　讨——对（　　　　）　　　　怨——犯（　　　　）

2. 把下列汉字拆分成两部分，每个汉字写三遍

　　慷 = □ + □　　　　　　媒 = □ + □

　　废 = □ + □　　　　　　较 = □ + □

第二十三课 口 头 禅

一、根据课文内容填空

1. 现代心理学认为口头禅可以_____一些有趣的心理活动。
2. 有人会因为口头禅让自己_____很多机会和朋友，也有人会因为口头禅_____很多机会和朋友。
3. 口头禅的形成跟使用者的性格_____、生活状态或是精神状态都是有关系的，可以说是一个人的_____，也会_____别人对这个人的感觉。
4. 常说"差不多吧""随便"的人大多数对现状很_____、_____主见、目标不_____。
5. 常说"看我的""没问题""加油"的人通常充满_____，愿意承担_____。

二、根据课文内容判断对错，请在错误的句子下面写出正确的句子

1. 口头禅是我们说的语言。　　　　　　　　　　　　　　　（　　）
   _____

2. 因为口头禅反映了使用者的一些心理活动，所以可以帮助我们更清楚地认识自己和别人。　　　　　　　　　　　　　　　　　　　　（　　）
   _____

3. 小张受到大家的欢迎是因为他的口头禅"不错嘛"让别人觉得很开心。
   　　　　　　　　　　　　　　　　　　　　　　　　　　（　　）
   _____

4. 经常说"据说""也许""算了吧"的人大多数对现状很满足、缺乏主见、目标不明确。　　　　　　　　　　　　　　　　　　　　　　　（　　）
   _____

5. 常说"无聊""没劲"的人大多数自信心不足。（   ）
_____

6. 如果你想更清楚地了解一个人可以注意一下他的口头禅。（   ）
_____

三、划线连词

1. 反映   自己   2. 目标   痛苦
   承担   机会   生活   亲密
   缺乏   心理活动   表情   开放
   失去   自信   关系   明确
   认识   目标   性格   开朗
   充满   责任   思想   美好

四、用括号里的词语完成句子

1. 不是所有的美国人都很外向。_____。（拿……来说）
2. 中国菜真的很好吃。_____。（拿……来说）
3. 小女孩找不到妈妈了，非常害怕，_____。（起来）
4. 我们给生病的孩子们送过去很多书，希望_____。（起来）
5. 我今天早上五点就起床，晚上十二点才回到宿舍，真是_____。（死了）
6. 我一天都没有吃饭了，快要_____。（死了）
7. 她听说家里的小狗昨天病了，_____。（可）
8. 你别小看这块手表，它_____。（可）

五、阅读理解

耳朵在口袋里

　　从前有一个知县刚到一个地方上任，他想挂一个蚊帐，就对差役说："你去买两根竹竿来。"

　　这个知县的声调有点儿问题，差役把"两根竹竿"听成了"两斤猪肝"，连忙跑到肉店去，对老板说："新来的知县要两斤猪肝，你是个聪明人，应该知道怎么办吧？"

第六单元 性格修养
第二十三课 口头禅

老板马上明白了他的意思，给了他两斤最好的猪肝，又送了他一对猪耳朵。

离开肉店后，差役想："老爷只让我买猪肝，这对猪耳朵当然就是我的了！"于是他把猪肝包好，把猪耳朵放进了自己的口袋里。

回来以后，知县一看到他买的猪肝，特别生气："谁让你买猪肝了，你听清楚了没有？你的耳朵到哪儿去了？"

差役一听吓坏了，连忙回答说："老爷，耳朵……在……在……在我口袋里！"

知县	zhīxiàn	(in ancient times) county magistrate
蚊帐	wénzhàng	mosquito net
差役	chāiyì	runner in a feudal government(yamen)
竹竿	zhúgān	bamboo pole
猪肝	zhūgān	pork liver

1. 新来的知县想要什么？

    A. 猪肝

    B. 竹竿

    C. 差役

    D. 猪耳朵

2. 差役把"竹竿"听成了什么？

    A. 竹竿

    B. 猪肝

    C. 猪耳朵

    D. 肉店

3. 肉店的老板为什么要送给差役一对猪耳朵？

    A. 因为他想讨好新来的知县和差役

    B. 因为他知道知县除了要猪肝以外，还要猪耳朵

    C. 因为他知道知县喜欢吃猪耳朵

    D. 因为他的猪耳朵卖不出去了

4. 知县说"你的耳朵到哪儿去了"是什么意思？

　　A. 你为什么没有听清楚？

　　B. 你的耳朵放在哪儿了？

　　C. 肉店老板送的猪耳朵放在哪儿了？

　　D. 你的耳朵还在肉店老板那里吗？

六、用下面给出的词语写一段话，写一个和你的口头禅有关的小故事

　　起来　　拿……来说　　可　　v.＋死了　　形成　　现状

　　随便　　小看　　影响　　性格

七、调查一下你们班的同学都有哪些口头禅，这些口头禅反映了同学们的什么特点？写一个小调查报告来说明你的调查结果。

第六单元 性格修养
第二十三课 口头禅

八、汉字练习本

1. 选择正确的汉字填空

   烦_____   A. 脑   B. 恼
   反_____   A. 昨   B. 映
   _____态   A. 状   B. 壮
   _____便   A. 隐   B. 随
   没_____   A. 经   B. 劲
   _____爱   A. 态   B. 恋

2. 学习下列汉字的笔顺，并抄写五遍

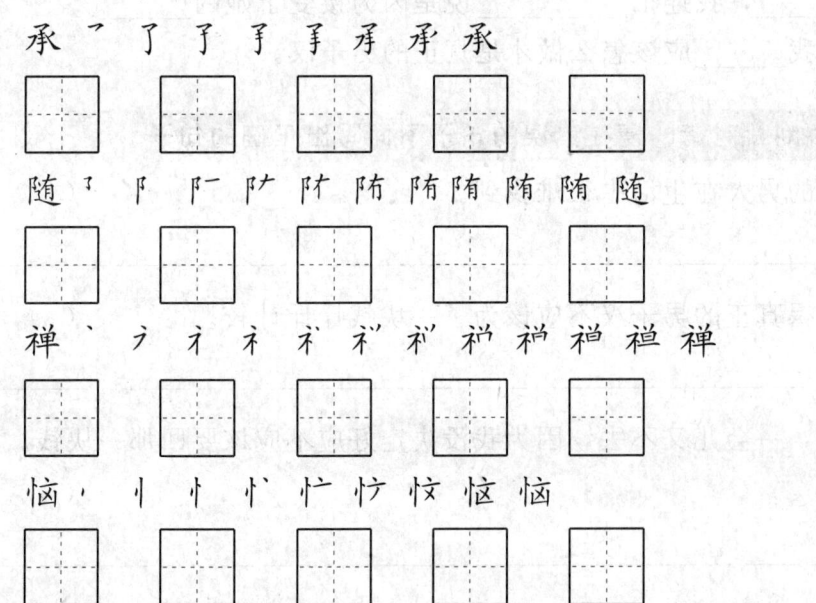

   承 ｀ 了 了 孓 手 承 承 承

   随 ｀ 阝 阝 阝 陌 陌 陌 随 随 随

   禅 ｀ ｀ 礻 礻 礻 礻 祠 祠 禅 禅

   恼 ｀ 忄 忄 忄 忄 忄 恼 恼

第二十四课 怎样才是男子汉

一、根据课文内容填空

1. 现代社会的女人对男人的要求太高了：外表要_____，动作要_____，内心要_____，做事要_____，当然_____还不能少。
2. 有时候为了当一个_____的男子汉我真不知道怎么做_____。
3. 女朋友_____我为了一块钱斤斤计较，我觉得她说得_____。
4. 她说我说话_____，我连忙_____说是因为接受了她的_____。
5. 我向她_____我_____应该怎么做才是真正的男子汉。

二、根据课文内容判断对错，请在错误的句子下面写出正确的句子

1. 符合女人标准的男人在生活中很难找到。（   ）
   _____

2. 我的女朋友觉得真正的男子汉不应该为了一块钱斤斤计较。（   ）
   _____

3. 我一会儿要去，一会儿又不去，因为我没决定好应不应该要回那一块钱。（   ）
   _____

4. 我很郁闷因为我也觉得自己当不了真正的男子汉。（   ）
   _____

三、选择意思相反的词语连线

外表   直接

得到   失去

斤斤计较   马虎

开心   内心

间接   慷慨大度

认真   烦恼

第六单元 性格修养
第二十四课 怎样才是男子汉

四、用括号里的词语完成句子

1. 这些孩子一直在哭，我＿＿＿＿＿＿＿＿＿＿＿＿＿＿＿＿。（不知道……才好）
2. 这些衣服都很漂亮，＿＿＿＿＿＿＿＿＿＿＿＿＿＿＿＿。（不知道……才好）
3. 他在运动场上锻炼身体，＿＿＿＿＿＿＿＿＿＿＿＿。（一会儿……一会儿……）
4. 他的喜好经常改变，＿＿＿＿＿＿＿＿＿＿＿＿＿＿。（一会儿……一会儿……）
5. 这本书五十块钱，可是我很穷，＿＿＿＿＿＿＿＿＿＿＿＿＿＿＿。（就）
6. 他总是跟我们不一样，我们的口头禅都是"好啊"，可是＿＿＿＿＿＿＿＿＿。（就）
7. 她长得不漂亮，性格也不好，我不明白＿＿＿＿＿＿＿＿＿＿＿。（究竟）
8. 他一会儿说自己是老师，一会儿说自己是学生，＿＿＿＿＿＿＿＿＿＿。（究竟）
9. 我答应你，＿＿＿＿＿＿＿＿＿＿＿＿＿＿＿＿＿＿＿。（不管……都……）
10. 她很喜欢那只蝴蝶，所以我决定，＿＿＿＿＿＿＿＿＿＿＿。（不管……都……）

五、阅读理解

  有一个中国老人在年轻的时候就去了国外，在国外辛苦工作了大半辈子，挣了一些钱，回到了家乡。他自己读书不多，很想在晚年帮助那些学习优秀的穷孩子。他给家乡几所学校的校长各写了几封信，希望校长能选出自己学校的十个优秀学生，自己从这些孩子中选择几个他愿意资助的学生。

  这些学生的名字很快就寄到了老人家里。老人买来了很多书，书里写上了老人的姓名、地址和联系方式，然后按照名单上的地址寄给了这些孩子。家里人都很不理解，这叫什么资助啊？几本书怎么能帮助一个穷学生呢？

  书寄出以后，老人每天都在电话前发愁。一年过去了，在新年前一天，老人收到了一张贺卡，上面写着："感谢您给我寄来的书，虽然我不认识您，但是我会记着您，祝您新年快乐！"老人高兴地大喊大叫："我终于找到我要资助的孩子了！"

  家里人也终于明白了老人为什么要寄书了：只有知道感恩的人才能得到他的资助。

家乡	jiāxiāng	hometown
优秀	yōuxiù	outstanding
资助	zīzhù	aid financially
感恩	gǎn'ēn	feel grateful

1. 这个老人要资助什么样的学生？
   A. 穷学生
   B. 学习优秀的学生
   C. 知道感恩的学生
   D. A、B、C

2. 老人为什么要给这些学生寄书？
   A. 为了帮助他们学习
   B. 为了找出他要资助的学生
   C. 为了让这些学生感谢他
   D. 为了让自己很有名

3. 老人寄出书后为什么在电话前发愁？
   A. 因为学生们没有收到书
   B. 因为学生们不喜欢他寄来的书
   C. 因为没有人跟他打电话聊天儿
   D. 因为没有学生打来电话表示感谢

4. 老人为什么最后只资助了一个学生，下面的哪个回答是不对的？
   A. 因为只有那个学生知道感恩
   B. 因为只有那个学生寄来了感谢的贺卡
   C. 因为别的学生在接受了别人帮助后都不知道感恩
   D. 因为别的学生都没有收到他寄出去的书

六、用下面给出的词语写一段话，说说你心目中男子汉的标准

外表　　内心　　坚强　　一会儿……一会儿……　　就　　究竟
不管……都……　　　真正

_____

_____

_____

第六单元　性格修养
第二十四课　怎样才是男子汉

七、有人说在现代社会男人比女人累，有的人看法刚好相反，你同意哪一种观点？请将你的理由写在下面。

八、汉字练习本

1. 写出含有下列部件的字

   夂：_____、_____

   穴：_____、_____

   立：_____、_____

   儿：_____、_____

2. 给下列汉字注上拼音

   概　　慨　　释　　译　　究　　穷　　套　　态

第七单元　家庭伦理

第二十五课　一张忘取的汇款单

一、根据课文内容填空

1. 每次到邮局我都会想起上大学时父亲给我寄钱的_____。
2. 父亲没有工作，靠收废品_____我上学。
3. 每个月父亲都要赔着_____，面对邮局工作人员_____的目光。
4. 拿汇款单的时候，是父亲最_____的时候。
5. 两年后，父亲_____了。我在整理他的_____的时候发现了那张汇款单。

二、根据课文内容判断对错，请在错误的句子下面写出正确的句子

1. 父亲每次去邮局给我寄钱的时候都很尴尬。　　　　　　　　　（　）
   _____

2. 我工作以后用银行汇款的方式给父亲寄钱，因为那样更省事。　（　）
   _____

3. 每次父亲拿汇款单的时候很骄傲是因为我给他寄了很多钱。　　（　）
   _____

4. 我以前很少在父亲节表达对父亲的祝福，我们都不习惯用这样的方式表达关爱。　　　　　　　　　　　　　　　　　　　　　　　　　　　（　）
   _____

5. 其实父亲收到了那张汇款单，汇款单上的话让他很感动。　　　（　）
   _____

三、选择正确的词语填空

省　汇　表达　供　整理　寄　赔　过

_____关爱　_____孩子读书　_____钱　_____笑脸

_____节　_____事　_____款　_____遗物

四、用括号里的词语完成或者改写句子

1. _____，我们已经有了解决的方法。（对于）

2. _____，大家都不同意。（对于）

3. 他天天走路上班，很辛苦。我建议他_____。（不如）

4. 他吃了很多药，病还没有好。我建议他_____。（不如）

5. 快迟到了，_____，快上课去吧！（吃、什么）

6. 这件衣服既然卖不出去，你_____。（谁、送给）

7. 她和我说再见，_____。（并）

8. 有人拍下了我踢垃圾桶的动作，_____。（并）

五、阅读理解

看下面这张汇款单，回答问题。

中国邮政汇款单

邮编 100007

| 业务种类 | 普通汇款 ☐ 电子汇款 ☑ 加急汇款 ☐ 特急汇款 ☐ | 附加种类 | 入账 ☐ 划拨 ☐ 礼仪 ☐ 支票 ☐ 附言 ☑ 自行通知 ☐ | 回音种类 | 短信 ☐ 回单 ☐ |

用户填写：

- 收款人：中国红十字会
- 汇款金额：¥ 100000（壹拾万元）
- 收款人地址：北京东城区北新桥三条八号
- 开户局及账号：_____
- 汇款人地址：北京市海淀区新街口外大街19号北京师范大学汉语文化学院
- 汇款人姓名：李明
- 汇款人手机：132××××××39

邮局填写：

汇票号码	汇款金额	汇费	手续费	回音手续费	收汇日期

经办员：　　　　复核员：　　　　检查员：

用 户 须 知

一、请用蓝、黑色钢笔或签字笔填写。
二、填写汇款单时,应在"业务种类"栏选择汇款类型,如需要办理入账、划拨、礼仪、支票、附言、回音、自行通知等业务,需另在"附加种类"和"回音种类"栏内选择。选择时请打"√"表示。
三、用户自行通知的电子汇款、加急汇款、特急汇款,汇款人在汇款时,需预留取款密码。用户自行通知的汇款邮局不投递取款通知单。
四、加急汇款、特急汇款必须自行通知,由汇款人将汇票号码、汇款金额、取款密码等通知收款人。收款人根据相关汇款信息到联网邮局填写取款凭单,输取款手续。
五、附言请在附言栏内填写,以**30**字为限。

附言: 希望用于购买抗灾药品

1. 李明给红十字会汇了多少钱?

2. 李明汇款的目的是什么?

3. 100007 是谁的邮编?

4. 李明选择的汇款方式是什么?

5. "附言"最多可以写多少字?

六、用下面给出的词语写一段话,说说你的爸爸

情景　笑脸　不如　对于　什么　并　通过　祝福

第七单元 家庭伦理
第二十五课 一张忘取的汇款单

七、填写快递单

你要委托中国红十字会向灾区捐赠一些衣物。你应该如何填写快递单呢？

地址：北京东城区北新桥三条八号，邮编：100007

收件人：中国红十字会

八、汉字练习本

1. 写出下列汉字共同的部件

   鄙——降（　　　）　　　款——歉（　　　）

   退——腿（　　　）　　　熬——傲（　　　）

   破——疲（　　　）　　　夷——第（　　　）

2. 学习下列汉字的笔顺，并抄写五遍

   藏 一 艹 艹 艹 芦 芦 茾 茾 茾 莱 莱 萠 藏 藏 藏

   鄙 丶 丷 口 旦 早 呙 呙 鄙 鄙 鄙 鄙

   骄 𠃍 马 马 马 马 驴 驴 骄 骄

第二十六课 母亲和女儿的信

一、根据课文内容填空

1. 在上初三以前，我不知道什么是_____，我们的生活没有_____，没有_____。
2. 现在您不_____我有任何业余_____，只要有时间您就会_____我去学习。
3. 您总是_____我接受您的看法，我觉得跟您_____越来越难了。
4. 青春期的孩子，有些_____，不过，_____能力和_____能力还都不强。
5. 这个时代竞争太_____了，也充满了_____，妈妈也是不得不这样做。

二、根据课文内容判断对错，请在错误的句子下面写出正确的句子

1. 妈妈和女儿之间出现代沟是因为她们没有互相理解。（   ）

_____

2. 妈妈不允许女儿有业余爱好，但是可以看一些杂志。（   ）

_____

3. 妈妈一方面说是在介绍自己的想法，一方面又要求女儿必须接受她的想法。（   ）

_____

4. 青春期的孩子大多数都有一点叛逆。（   ）

_____

5. 妈妈唠叨是因为女儿不明白只有努力才能有好成绩。（   ）

_____

第七单元 家庭伦理
第二十六课 母亲和女儿的信

三、选择合适的词语填空

激烈　　业余　　接受　　叛逆　　控制　　判断

_____爱好　　_____意见　　_____的孩子

竞争_____　　_____对错　　_____自己

四、用括号里的词语完成句子

1. 经过大家的安慰，_____。（渐渐）
2. 两个小时过去了，_____。（渐渐）
3. 那件事情以后，大家再也不相信我了。_____。（即使……也……）
4. 我永远不会放弃自己的梦想：_____。（即使……也……）
5. 代沟的出现有很多原因：_____，_____。（一方面……另一方面……）
6. 我发现，汉语其实不难学。_____，_____。（一方面……另一方面……）
7. 我告诉他这个让人激动的消息，但是_____。（似乎）
8. 他怀疑地看了我一眼，_____。（似乎）

五、阅读理解

老一辈人和小一辈人的思想观念不同，人们叫它"代沟"，代沟反映了两代人的差异和矛盾。上个星期天"代沟"就到小李家跟他们"亲密接触"了一次。

小李在整理房间时，想把他妈妈房间里的旧家具都处理掉，然后买些新家具。虽然收废品的人给的钱很少，小李还是坚定地要卖掉。

收废品的刚要把家具搬走，李老太太买菜回来了，看到儿子要把这些还能用的家具扔掉，很不高兴。就和儿子"交流"起来："先不要处理，还能用几年呢，多浪费啊！看到这些旧家具我就会想起我们那个时代。"儿子说："这些家具这么难看，也不好用了，早就该换了。难道时间还能回到以前吗？"老太太说："你不要管，我喜欢它们。"

老太太还在唠叨的时候，女儿小红回来了，小红先劝妈妈别生气，又劝哥哥别着急，她有地方放这些旧家具，让老妈放心，老太太高兴了。

老太太进了房间，小李小声问妹妹："你放在哪儿？""我也是放在收废品的人那儿，这可是咱们两个人的秘密啊！"小红笑嘻嘻地说。

接触　　　　jiēchù　　　　come into contact with
家具　　　　jiājù　　　　 furniture

1. "'代沟'到小李家跟他们'亲密接触'了一次"是什么意思？
   A. "代沟"到小李家做客去了
   B. "代沟"跟小李很亲密
   C. 小李家里出现了代沟问题
   D. 小李跟家里人的关系很亲密

2. 李老太太为什么不同意卖这些旧家具，下面哪一句是不对的？
   A. 这些旧家具还能用
   B. 这些旧家具很贵
   C. 太浪费了
   D. 能让老太太想起以前的生活

3. 小红打算怎么处理这些旧家具？
   A. 继续放在老太太的房间
   B. 放在她自己的房间里
   C. 放在朋友那儿
   D. 卖给收废品的

六、用下面给出的词语写一段话，说说你怎么看待"代沟"

渐渐　即使……也……　一方面……另一方面……　似乎　控制
交流　强迫　判断　允许　唠叨

_____
_____
_____
_____

第七单元　家庭伦理
第二十六课　母亲和女儿的信

七、看图写一篇小作文

（图中对话：）
- 唉，我和我儿子已经没有共同语言了……
- 哦？
- 我儿子才上初中，可他写的日记我已经看不懂了。
- 啊，不会吧？！
- 不信我给你念一段……
- 嗯……
- 今天班上转来个MM，我觉得很PL，但王洋认为她是恐龙……

_____
_____
_____
_____
_____

八、汉字练习本

1. 写出带有下列部件的汉字

儿：_____、_____　　　隹：_____、_____

灬：_____、_____　　　斤：_____、_____

夂：_____、_____　　　辶：_____、_____

2. 选择正确的汉字填空

矛____　　　A. 盾　　B. 直
____惑　　　A. 透　　B. 诱
____逆　　　A. 饭　　B. 叛
____求　　　A. 逆　　B. 追
____满　　　A. 充　　B. 允
____争　　　A. 竟　　B. 竞

第二十七课　来吃饭的是父母

一、根据课文内容填空

1. 他_____了饭店里最贵的套餐请他的两个_____和一个朋友吃饭。
2. 三个人都没来，他看着满满一桌子菜，直_____。
3. 他突然想出一个_____，请他的父母来吃饭。
4. 他从来没有请父母吃过饭，这是一个他自己也不愿意_____的事实。
5. 父母_____饭店的饭菜好吃，_____高，并为他花了很多钱而感到_____。

二、根据课文内容判断对错，请在错误的句子下面写出正确的句子

1. 以前他没有请父母吃过饭，是因为他们不住在一个城市。　　（　　）
　_____

2. 周末父母常常给他打电话，他却很少回家。　　　　　　　　（　　）
　_____

3. 父母很想知道为什么儿子突然请自己吃饭，可是他们没有问。（　　）
　_____

4. 他请父母吃饭，父母感到又高兴又不安。　　　　　　　　　（　　）
　_____

5. 他决定改变自己以前的做法，做一个真正孝顺的儿子。　　　（　　）
　_____

三、选择合适的词语搭配连线

敬　　　　　　事实

承认　　　　　套餐

预订　　　　　父母

孝顺　　　　　酒

四、用括号里的词语完成句子

1. 平时他们都说是我的好朋友，可是，当我遇到困难的时候，_____。（谁）

2. 我刚来的时候，_____。可是现在我已经知道很多了！（什么）

3. 女儿觉得很委屈，因为她觉得妈妈_____。（一点也不）

4. 明天就要考试了，可是他_____，因为他已经准备得很好了。（一点也不）

5. 大家都不喜欢他。可是_____。（倒）

6. 别的家长总是催孩子快去学习，我_____，我在乎的是你的身体健康。（倒）

7. 我们一进门，发现房间里脏极了：_____。（到处）

8. 小明考试得了100分，他的父母高兴极了，_____。（到处）

五、把下面的句子按正确的顺序排列

（　）现在，中国出现了越来越多的"空巢家庭"。就是指儿女不在身边，家里只有两位甚至一位老人的家庭。

（　）在美国，父母和子女不住在一起的现象很常见。

（　）"空巢家庭"还产生了一些社会问题。比如有一位老太太，因为希望儿女们在家过年的愿望没有得到实现，竟然自杀了。

（　）但是在中国，很多父母还是不能接受子女长时间不在身边的情况。

（　）这让人们在批评他们的子女的同时，也开始思考怎么解决这个越来越严重的问题。

（　）为什么要叫"空巢家庭"呢？巢，就是窝的意思。"空巢"一方面反映了家里没有子女的情况，另一方面也反映了老人们孤独的心情。

（　）传统的中国老人们总是希望过"四世同堂"的热闹生活。他们认为，年老的时候没有子女、孙子、孙女在身边，是一件很伤心的事情。

六、用下面的词语写一段话，说一说你请父母吃饭或你和父母一起吃饭的故事

预订　套餐　包间　巧　什么　一点都/不　倒　好处　敬酒

第七单元 家庭伦理
第二十七课 来吃饭的是父母

_____
_____

七、请你写一个留言条，告诉你的妈妈晚上你要带一个朋友回来吃饭

_____
_____
_____
_____

八、汉字练习本

1. 把含有相同部件的字用线连起来，并用每个字组一个词

    酬　　　　　　　　态
    愁　　　　　　　　功
    巧　　　　　　　　酒
    悄　　　　　　　　消

2. 学习下面汉字的笔顺，并抄写五遍

   酬　一　厂　丆　丙　两　西　酉　酉　酬　酬　酬　酬

   炫　丶　丷　亅　火　火　炉　炫　炫

   顿　一　匚　屯　屯　屯　虰　顿　顿

   耀　丨　丬　屮　业　光　光　光　光　耀　耀　耀　耀

113

第二十八课 丁克与丁宠

一、根据课文内容填空

1. 朋友们劝他们_____年轻早一点要孩子，但是他们俩一点_____也没有。
2. "丁克"家庭的夫妻都有正常的_____能力，不同意结婚是为了_____的传统观念。
3. 养孩子要花大量的_____、_____和_____。
4. 现代人_____孩子来给自己养老，所以"丁克"家庭在不断_____。
5. "丁宠"是用来描述那些养_____不养孩子的家庭。

二、根据课文内容判断对错，请在错误的句子下面写出正确的句子

1. 汪先生和汪太太一直都没有动静是因为他们想突然要个孩子给朋友们一个惊喜。   （   ）
   _____

2. 朋友们没想到汪家的"宝宝"是一只狗。   （   ）
   _____

3. 中国的传统观念认为结婚是为了传宗接代。   （   ）
   _____

4. "丁克"家庭都是没有钱养孩子的家庭。   （   ）
   _____

5. 中国的"丁克"家庭在不断增加是因为很多人都不希望将来让孩子给自己养老。   （   ）
   _____

6. 很多家庭不养孩子养宠物是因为宠物不用花那么多的时间和精力。 （   ）
   _____

三、选择合适的词语填空

传　遛　承担　养　操　收　接

____责任　　　　____心　　　　____废品

____宗____代　　____狗　　　　____宠物

四、用括号里的词语完成句子

1. _____，天天一起来上课。（俩）
2. _____，给你一个吧！（俩）
3. 明天的考试很简单，_____。（用不着）
4. 北京的十月天气很舒服，_____。（用不着）
5. _____，_____，我们知道了他在说假话。（以及）
6. _____，我们看到了中国的发展。（以及）
7. _____，所以我相信你做得可以跟她一样好。（不比）
8. 你考了80分，我也只考了81分，_____。（不比）

五、阅读理解

丁克是英文DINK（Double Income No Kids）的音译，意思是夫妻俩都有收入却不要孩子。近年来，丁克家庭在中国越来越多了。不过，人们在接受这些家庭的同时还是有一些疑问。有人认为不生育不符合人类的自然规律，也有医生认为女性在一生中如果有一次完整的生育过程，就能提高抗病能力，否则对身体健康没有好处。

还有一些人认为，家庭有生育、教育、宗教、娱乐等很多功能。生育不再是家庭最重要的功能，这是观念的进步。但是，生育后代，让人类能继续生活下去，也确实是家庭的责任。孕育儿女可以让夫妻双方的心理更加健康，在孕育生命的过程中可以更深刻地理解人生，从养育子女的辛苦中理解父母的恩情。所以，他们建议年轻人一定要经过认真仔细的考虑再决定不生育。

同时，不少医生也发现，近年来35岁以上的高龄产妇越来越多。其中有许多是因为年轻时打算不生育，到了中年，因为夫妻俩情感变化又"反悔"的人。

规律	guīlǜ	law; regular pattern
宗教	zōngjiào	religion
功能	gōngnéng	function
孕育	yùnyù	give birth to; be pregnant with
疑问	yíwèn	doubt
产妇	chǎnfù	a lying-in woman

1. 人们对丁克家庭有哪些疑问？

   A. 丁克家庭不符合人类的自然规律

   B. 丁克家庭有利于女性的身体健康

   C. 丁克家庭的确是社会的一种进步

   D. 高龄产妇都来自丁克家庭

2. 家庭具有哪些功能？

   A. 生育

   B. 教育

   C. 娱乐

   D. 以上都是

3. 为什么超过35岁的高龄产妇越来越多？

   A. 因为夫妻感情变坏了

   B. 因为他们年轻时没有生育能力

   C. 因为他们到中年了

   D. 因为各方面的原因，让他们不想再当"丁克"了

4. 给这个短文加上一个题目：

   _____

第七单元　家庭伦理
第二十八课　丁克与丁宠

六、你有宠物吗？请写一段话，描写你的宠物。

动静　遛狗　俩　用不着　地位　待遇　以及　不比

_____
_____
_____
_____
_____

七、你愿意做"丁克"吗？你对"丁克"有什么样的看法？

_____
_____
_____
_____
_____
_____

八、汉字练习本

1. 写出含有下列部件的汉字并用它组一个词语

   宀：_____ → _____ 　　　辶：_____ → _____

   土：_____ → _____ 　　　贝：_____ → _____

   匕：_____ → _____

2. 选择正确的汉字填空

   _____贵　　A. 趁　　B. 珍

   _____量　　A. 质　　B. 责

   _____物　　A. 宠　　B. 宏

   动_____　　A. 静　　B. 精

   _____述　　A. 猫　　B. 描

   _____经　　A. 曾　　B. 增

117

第八单元　社会问题

第二十九课　中国大城市的新问题——汽车

一、根据课文内容填空

1. 二十一世纪中国大城市需要_____的、最麻烦的是汽车带来的问题。
2. 中国_____以后，人们的生活水平_____得很快。
3. 汽车越来越多，到处都可能出现_____，空气也被_____了。
4. 很多地方开始_____路，但_____的解决办法应该是发展公共交通。
5. 还有很多解决交通堵塞的方法，比如：改变_____的上下班时间；减少_____和单位的公车数量；提高人们_____的意识。

二、根据课文内容判断对错，请在错误的句子下面写出正确的句子

1. 提高人们的生活水平就可以解决汽车问题。　　　　　　　　　　（　　）

_____

2. 只有在上下班的时候会发生交通堵塞。　　　　　　　　　　　　（　　）

_____

3. 因为没有地方停车，很多人就把车停在别人的车上面。　　　　　（　　）

_____

4. 修路和修立交桥不能根本地解决交通问题。　　　　　　　　　　（　　）

_____

5. 政府和单位的公车太多是造成交通堵塞的原因之一。　　　　　　（　　）

_____

第八单元 社会问题
第二十九课 中国大城市的新问题——汽车

三、选择合适的词语填空

解决　　提高　　修　　污染　　发展　　改进　　遵守　　减少

_____ 公共交通　　　　_____ 生活水平
_____ 空气　　　　　　_____ 交通规则
_____ 设计　　　　　　_____ 问题
_____ 公车数量　　　　_____ 地铁

四、用括号里的词完成下列句子

1. 由于我们很喜欢北京，_____。（因此）
2. _____，因此很多人都选择骑自行车上班。（由于）
3. 北京的夏天实在太热了，_____。（恨不得）
4. 我非常生气，_____。（恨不得）
5. 你不是不喜欢喝酒吗？_____，所以，你还是别去了。（再说）
6. 这件衣服不太漂亮，_____，你还是别买了。（再说）
7. 我吃了很多药，病也没有好。他们建议我_____。（不妨）
8. 我很不喜欢我的房间。我同屋建议我_____。（不妨）

五、阅读理解

　　我家到单位的一条道路这几天正在修路，本来可以走两辆车的路现在就只能走一辆车了，上班的时间更是堵得寸步难行。

　　这天下班，同事小李坐在我的车上一起回家。我担心把车开进那条路会堵死在里面。于是，我就把车停在大马路的边上，让小李赶快下车跑过去看看，如果已经堵车了，那我们就走别的路，否则堵上了连车都倒不回来。

　　小李赶快地跑过去看了看，然后把右手举得高高的，冲着我做了一个"OK"的手势。我一看机会来了，赶紧发动了车，一下子就冲了过去。当我把车往右一拐进了那条路的时候，我一下子傻了，已经有三辆车堵在里面了！

　　见到这个情景我气坏了，对刚刚跑过来的小李大声地喊道："你是怎么搞的？都堵上了怎么还举个OK的手势让我把车开过来。"小李又重复了一下刚才做的动作，看着自己的手势，很委屈地说"我这是告诉你这里堵着三辆车啊，你怎么就看成OK了？"

手势	shǒushì	gesture
发动	fādòng	start
冲	chōng	charge, rush
委屈	wěiqū	feel wronged, nurse a grievance

1. 我家到单位的路为什么这么难走，下面哪一句是不对的？
   A. 因为大家不遵守交通规则
   B. 因为现在只允许走一辆车
   C. 因为正在修路
   D. 因为路变窄了

2. 我为什么要让小李先下车过去看看？
   A. 因为小李对那条路比我熟悉
   B. 因为那条路上可能发生了事故
   C. 因为担心路上堵车
   D. 因为小李可以在外面帮助我倒车

3. 我为什么一下子就开车冲了过去？
   A. 因为别的车要抢在我的前面走
   B. 因为小李说那条路上只有三辆车
   C. 因为我知道那是一条近路
   D. 因为我以为那条路上没有车

4. 小李为什么很委屈？
   A. 因为他告诉我的是错误的消息
   B. 因为我误会了他的意思
   C. 因为我让他下车去看看
   D. 因为我不同意他坐我的车

第八单元　社会问题
第二十九课　中国大城市的新问题——汽车

六、用下面的词语写一个关于堵车的故事

由于……因此……　　再说　　不妨　　恨不得　　闯
红绿灯　　寸步难行　　规则

_____
_____
_____
_____
_____

七、你认为，解决交通堵塞有哪些方法？

_____
_____
_____
_____
_____

八、汉字练习本

1. 给下列汉字加上拼音

堵　　　暑　　　塞　　　赛

规　　　现　　　染　　　架

2. 写出下列汉字共同的部件

革——度（　　　）　　　污——夸（　　　）

量——晃（　　　）　　　速——懒（　　　）

妨——房（　　　）　　　闯——闭（　　　）

121

第三十课　牛的母爱

一、根据课文内容填空

1. 由于天气一年比一年热，这个_____就很少下雨的地区成了_____。
2. 人们的日常生活和给_____喝的都靠这三斤_____的水。
3. 有一头老牛闯到了沙漠里_____的一条公路上，它_____地站着，不管司机怎么打骂_____，也不肯动半步。
4. 主人_____起鞭子打它，可是它_____走，_____站得更坚定了。
5. 受伤的老牛_____地看着小牛_____地喝完水，然后慢慢往回走了。

二、根据课文内容判断对错，请在错误的句子下面写出正确的句子

1. 这里以前有很多水，但是天气越来越暖和，慢慢变成了沙漠。　（　　）
   _____
2. 老牛是特意跑到公路上拦军车的。　（　　）
   _____
3. 有人点火驱赶它，可是老牛还是不肯走。　（　　）
   _____
4. 老牛感动了运水司机，他愿意拿出水来给它喝一点。　（　　）
   _____
5. 老牛没有小牛那么渴，所以它把水让给自己的孩子喝。　（　　）
   _____

三、选择合适的词语填空

真实　　贪婪　　接受　　违反　　刹　　珍贵

_____地喝水　　　　　　_____规定

_____的水　　　　　　　_____车

_____的故事　　　　　　_____批评

第八单元 社会问题
第三十课 牛的母爱

四、用括号里的词语完成下列句子

1. _____，但他一直劝我去，最后我还是去了。（本来）
2. _____，但后来我改变了看法。（本来）
3. 人们都以为多修路能解决堵车的问题，可是，_____。（并）
4. 他看起来是个孝顺孩子，可是_____。（并）
5. _____，他还没有出现。（整整）
6. 我太饿了，所以_____。（整整）
7. 听到这个消息，他_____。（不但不……反而……）
8. 公共汽车增加以后，_____。（不但不……反而……）

五、阅读理解

最近几天重庆市一直在不停地下大雨。由于下雨，流经重庆的中国第一条大河——长江的水位越来越高，原来跟陆地连在一起的江边的一片高地现在也成了一个小岛，跟陆地彻底分开了。

这天，黄先生和几个朋友坐船过江到对面去，顺便登上了这个小岛，小岛上没有人，甚至连一棵树也没有，只有一些乱石头。在乱石中间，他们吃惊地发现了刚刚出生几天的四只小狗，小狗们都长得胖乎乎的，眼睛还没睁开呢！这个小岛上根本没有食物，离陆地又那么远，它们是怎么生存的呢？黄先生很好奇，决定晚上再过来看一看。

晚上黄先生又坐船上了小岛。他等了半个多小时以后，发现了这四只小狗能在岛上生存的秘密。大概七点钟左右，一只花白色的大狗从江水中急急忙忙地游了过来，它在水中拼命地游着，上来以后来不及抖掉身上的水就跑到四只小狗的身边躺了下来——原来它是这四只小狗的妈妈，白天去对岸的城市里找食物，晚上游过江来给孩子喂奶，陪着它的孩子度过黑暗的夜晚。小狗们贪婪地吃着妈妈的奶，妈妈不时温柔地舔舔孩子们。

看到这个情景，黄先生被深深地感动了，他把这件事写下来，发在重庆的报纸上，大半个重庆市都知道了这只伟大的狗妈妈。市民给它起了一个名字叫"花花"，为了不让花花辛苦地到处寻找食物，每天都有好心的市民带着食物来喂花花，让它吃得饱饱的，有充足的奶水去喂它的孩子们。

水位	shuǐwèi	water level
陆地	lùdì	dry land
小岛	xiǎodǎo	little island
生存	shēngcún	subsist, live, exist
抖	dǒu	shake
喂	wèi	feed

1. 关于长江中的那个小岛，下面的说法哪种是正确的？

    A. 小岛原来跟陆地相连，因为水位升高，跟陆地分开了

    B. 小岛原来就是跟陆地分开的

    C. 这天，黄先生和朋友坐船要到小岛上去玩儿

    D. 假如一个人要到小岛上去，得拼命游泳

2. 四只小狗生活在哪里？

    A. 重庆市

    B. 重庆市对面

    C. 长江里

    D. 长江中的一个小岛上

3. 小狗在小岛上是怎么生存的？

    A. 靠岛上的树

    B. 靠好心人给的食物

    C. 靠妈妈每天游泳过来喂奶

    D. 靠妈妈从对面找来的食物

4. 现在"花花"每天靠什么生活？

    A. 垃圾里找到的食物

    B. 好心人给的食物

    C. 长江里的食物

    D. 奶水

第八单元 社会问题
第三十课 牛的母爱

六、选用下面的词，写一个关于动物的故事

真实 珍贵 惟一 再说 整整 本来 舔 违反 贪婪

_____
_____
_____
_____

七、第五题中的"花花"养活不了四个孩子，"花花"的孩子快到可以不吃奶的时候了，请你在报纸上写一个启事，介绍一下"花花"和它的孩子的故事，请喜欢动物的好心人来领养这四只小狗。

_____
_____
_____
_____
_____
_____

八、汉字练习本

1. 选择正确的汉字填空
   (1) 这是一个_____生的城市。　　　　　A. 陌　　B. 漠
   (2) 我祖父家养了很多牲_____。　　　　A. 富　　B. 畜
   (3) 她是家里_____一的女儿。　　　　　A. 唯　　B. 维
   (4) 小牛贪_____地喝着水。　　　　　　A. 婴　　B. 婪
   (5) 网络给我们增_____了烦恼。　　　　A. 舔　　B. 添

2. 写出含有下列部件的汉字，并用它组成一个词语。

   牛：_____→_____　　　　　　纟：_____→_____
   马：_____→_____　　　　　　刂：_____→_____
   今：_____→_____　　　　　　舌：_____→_____

125

第三十一课　穷人的中秋节

一、根据课文内容填空

1. 两个小朋友在_____一个问题：中秋节_____是哪一天。
2. 他们谁都不肯_____，争得_____。
3. 去年中秋节，胖胖一家开着_____汽车出去赏月，车里的月饼很_____。
4. 老黄卖菜的时候_____在超市里买了一盒月饼。
5. 昨天还贵得_____的月饼到了今天价格一下子就降了90％。

二、根据课文内容判断对错，请在错误的句子下面写出正确的句子

1. 两个孩子争论的问题让我觉得很奇怪，因为中国的中秋节就是八月十五。　　　　　　　　　　　　　　　　　　　　　　　　　　　　　（　　）
   _____
2. 在中国，哪一天吃月饼，哪一天就是中秋节。　　　　　　　（　　）
   _____
3. 老黄把月饼藏在塑料袋里，因为他买的月饼不好吃。　　　　（　　）
   _____
4. 中秋节过去，月饼的价钱马上就会降下来。　　　　　　　　（　　）
   _____
5. 我觉得左右为难，因为孩子们争论的问题根本不是一个日期的问题。（　　）
   _____

三、选择合适的词语填空

争论　　发表　　纠正　　赏　　下岗　　离谱

_____工人　　　　_____意见　　　　贵得_____

_____问题　　　　_____错误　　　　_____月

四、用括号里的词完成下列句子

1. 他一会儿说他从美国来，一会儿说他从日本来，＿＿＿＿＿＿＿＿＿＿。（到底）
2. 他已经在这里坐了两个小时了，＿＿＿＿＿＿＿＿＿＿＿＿＿＿。（到底）
3. ＿＿＿＿＿＿＿＿＿＿＿＿＿＿＿＿，却说他很了解那个地方。（明明）
4. ＿＿＿＿＿＿＿＿＿＿＿＿＿＿＿＿，却要装作他知道的样子。（明明）
5. 你用脏话骂他，他＿＿＿＿＿＿＿＿＿＿＿＿＿＿＿。（非……不可）
6. 他这样做是不对的，我＿＿＿＿＿＿＿＿＿＿＿＿＿＿。（非……不可）
7. 如果你有时间，＿＿＿＿＿＿＿＿＿＿＿＿＿＿＿＿＿。（顺便）
8. 如果你去北京，＿＿＿＿＿＿＿＿＿＿＿＿＿＿＿＿＿。（顺便）

五、阅读理解

嫦娥奔月

在很久很久以前，天上有十个太阳。大地就像火炉一样热，人们实在不能忍受了，想了很多办法也不能解决问题。后来有一个叫羿的小伙子力气很大，他想如果天上只留一个太阳该有多好啊！

他拿起弓箭来，向天上的太阳射去。羿的箭法很好，一会儿九个太阳就都掉下来了。

天上的神仙为了奖励羿做的好事，送给他一种药，说："这些药如果你只吃下一半去就可以长生不老，永远都不会死。如果你都吃了，就会飞上天去。"

羿有一个美丽的妻子叫嫦娥，她听说了这种可以长生不老的药以后马上就想吃，羿劝她说："先不要着急，等我先做完今天的事，晚上我们一起吃吧。"晚上羿很忙，没有回家，嫦娥太着急了，就趁羿不在的时候，偷偷地尝了尝这种药，可是吃了一半以后，她并没有特别的感觉，就又拿起另外一半来都吃完了。

药一吃下去嫦娥马上就飘了起来，而且越飘越高，慢慢地飘到月亮上去了。月亮上没有人，也没有树，到处都冷得不得了，可是她再也飞不回去了。只能一个人寂寞地住在月亮上，看着人间流眼泪。

天气好的时候，你抬起头来还能看到月亮上有一个人影，那就是寂寞的嫦娥。

火炉	huǒlú	stove
忍受	rěnshòu	bear
弓箭	gōngjiàn	bow and arrow
射	shè	shoot
奖励	jiǎnglì	reward
寂寞	jìmò	lonely

根据短文判断正误

1. 以前人们希望天上只有一个太阳。 （   ）
2. 后羿请神仙帮忙射下来九个太阳。 （   ）
3. 人间的普通人不能长生不老。 （   ）
4. 后羿很想和嫦娥一起飞上天去。 （   ）
5. 嫦娥知道如果吃了所有的药就会飘上天去。 （   ）
6. 嫦娥飘到了月亮上是因为她觉得地上太热了，月亮上很凉快。 （   ）

六、从小到大，我们过了很多节日，哪一个节日给你的印象最深？在那个节日里发生了什么事？选用下面的词语写一写那个节日里的故事。

到底　　明明　　非……不可　　顺便　　无奈　　天真　　意见　　左右为难

_____
_____
_____
_____

七、请介绍一个你们国家的节日

_____
_____
_____
_____

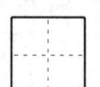

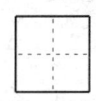

八、汉字练习本

1. 把下列汉字拆分成两部分，每个汉字写三遍

   奈 = ☐ + ☐   谱 = ☐ + ☐

   彻 = ☐ + ☐   赏 = ☐ + ☐

   纠 = ☐ + ☐   屈 = ☐ + ☐

2. 给下列汉字加上拼音

   屈　层　家　豪　翼　翻

   脖　浮　彻　切　委　婪

第三十二课　广告和媒体

一、根据课文内容填空

1. 现代社会，广告总是和媒体_____在一起，大多数广告都是靠媒体来_____的。
2. 广告和媒体的_____会给我们带来什么样的影响呢？
3. 广告会影响很多人，_____是小孩子，那些不太好的广告会给他们的成长带来_____影响。
4. 广告会放大社会_____带来的_____，使一些穷人觉得_____和绝望。
5. _____自己的经济利益，失去人们的_____，最终也_____会影响到自己的生存。

二、根据课文内容判断对错，请在错误的句子下面写出正确的句子

1. 不管你想不想看，你都会在各种媒体上看到广告。　　　　　　（　　）
   _____

2. 孩子最喜欢的节目是动画片和广告。　　　　　　　　　　　　（　　）
   _____

3. 小孩子喜欢看广告，也喜欢去媒体上做广告。　　　　　　　　（　　）
   _____

4. 广告商最关心的是看广告的人可能受到的影响。　　　　　　　（　　）
   _____

5. 那位下岗女工不喜欢看电视，因为她不需要广告里的那些东西。（　　）
   _____

三、选择合适的词语填空

传播　　避免　　承担　　思考　　分化　　失去

_____负面影响　　　　　　　　贫富_____

_____问题　　　　　　　　　　_____信息

_____信任　　　　　　　　　　_____责任

四、用括号里的词完成下列句子

1. _____，他的汉语越来越好了。（在……下）
2. _____，他又有了信心。（在……下）
3. 大家都为他非常担心，_____。（尤其）
4. 我非常喜欢这些礼物，_____。（尤其）
5. 今天晚上，_____。（将）
6. 明年夏天，_____。（将）
7. 你要多考虑别人的意见，_____。（只顾）
8. 你要注意锻炼身体，_____。（只顾）
9. 如果不注意学习方法，_____。（必定）
10. 如果你总是说假话，_____。（必定）

五、阅读理解

明星集体"缺钙"事件

几年前，只要一打开电视机，就是一家生产补钙产品的公司的广告。这家公司几乎找到了中国所有的明星来为他做广告。其中，有老人，有青年人，还有孩子。有歌星、影星，还有体育明星。许多电视台都播放了这家公司的广告。

很快，几乎全中国人都知道了这个补钙产品。可是，不久以后，这个产品被检查出质量有问题，引起了大家对广告问题的激烈讨论。人们开始批评那些明星不负责任，欺骗观众。但是明星们觉得很委屈，他们认为，他们与商品之间，并没有关系，其实他们也没有吃过广告里说的补钙产品，并不知道它有质量问题。媒体很快放弃了对这则广告的调查，转过来开始批评这些明星"缺钙"，说他们为了经济利益就违反了自己的道德标准。因此，也有人批评媒体，说他们不够客观和公正。

这件事虽然已经过去一段时间了。但是，这个话题却并没有结束。前一段时间，又有明星被调查出来做假广告，人们开始越来越不相信广告了。这些明星不珍惜人们对他们的信任，最后必定会失去人们的信任。

缺钙	quēgài	lack calcium
补钙	bǔgài	supply calcium
讨论	tǎolùn	discuss
珍惜	zhēnxī	treasure, cherish

1. 谁给这家公司做过广告？
   A. 中国所有的明星
   B. 普通的老人和孩子
   C. 大部分中国明星
   D. 外国明星

2. 明星们为什么觉得委屈？
   A. 因为补钙产品不是他们生产的
   B. 因为生产补钙产品的公司并没有给他们很多钱
   C. 因为他们吃了有问题的补钙产品，受到了伤害
   D. 因为他们并不了解这个产品，所以不知道自己的广告是假的。

3. 媒体批评明星"缺钙"，是什么意思？
   A. 他们的身体不好
   B. 他们为了钱就不负责任地说假话
   C. 他们买的补钙产品太少了
   D. 他们不够客观和公正

4. 明星怎样做可能会失去大家对他们的信任？
   A. 对大家不信任
   B. 不配合媒体
   C. 不珍惜大家对他们的信任
   D. 为补钙产品做广告

六、选用下面的词语介绍一个你最喜欢的广告，并说明你为什么喜欢它

广告　思考　尤其　必定　只顾　将　在……下　避免

_____
_____
_____
_____

七、在你的同学和朋友中做一个关于广告问题的调查，写一个小调查报告，说明广告对人生活的影响。下面的调查内容可供选择，你也可以自己设计其他的问题。

1. 你在哪些地方看到过广告？
2. 你喜欢广告吗？
3. 你相信广告吗？
4. 你觉得最好的广告是什么？
5. 你觉得最不好的广告是什么？
6. 广告对生活的影响有哪些？
7. 你觉得我们的生活真的需要广告吗，为什么？

八、汉字练习本

1. 把下列汉字拆分成三部分，每个汉字写三遍

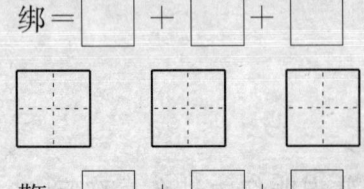

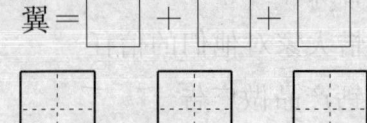

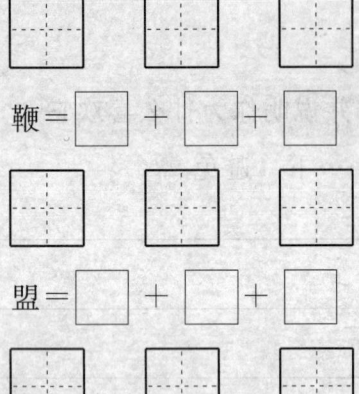

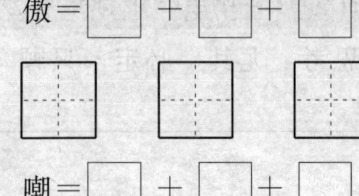

   绑 = □ + □ + □　　　　翼 = □ + □ + □

   鞭 = □ + □ + □　　　　傲 = □ + □ + □

   盟 = □ + □ + □　　　　嘲 = □ + □ + □

2. 写出含有下列部件的汉字，并用它组成一个词语

   皿：_____ → _____　　　　者：_____ → _____

   足：_____ → _____　　　　阝：_____ → _____

   辶：_____ → _____